湖南科技智库系列研究报告

U0747856

湖南省区域科技创新能力评价报告 | 2023

Hunansheng Quyu Keji Chuangxin Nengli Pingjia Baogao

湖南省科学技术信息研究所 著

中南大学出版社
www.csupress.com.cn

· 长沙 ·

湖南省区域科技创新能力评价报告 2023

编委会

前 言

创新能力作为区域社会生产力与实力的重要组成，是区域现代化建设成效与高质量发展水平的重要支撑。湖南省深入贯彻党中央战略部署，锚定"三高四新"美好蓝图，加速构建汇聚全球创新资源的创新型省份，推进长株潭国家自主创新示范区提质升级，着力打造具有核心竞争力的科技创新高地。为持续监测评价湖南省区域科技创新能力，湖南省科学技术信息研究所基于多年持续监测评价与专业经验积累，研究形成了《湖南省区域科技创新能力评价报告2023》（以下简称"《报告》"）。《报告》通过深入分析湖南省区域科技创新的现状与存在的不足，提出发展建议，既可为湖南省推进具有核心竞争力的科技创新高地建设提供重要决策参考，也可为制定区域创新政策、优化区域创新布局、选择区域创新路径、改善区域创新环境和提升区域创新能力提供有力支撑。

《报告》延续采用了《湖南省区域科技创新能力评价报告2022》的评价指标体系，包含5个一级指标、24个二级指标和48个三级指标，对全省、四大区域、14个市州的区域科技创新能力进行客观、真实、动态、多角度评价，从综合能力、实力、效力等不同角度全面衡量湖南省各市州科技创新发展的成效和进展。《报告》分为四部分：第一部分总结了湖南省科技创新工作成效与不足，介绍了长株潭自主创新示范区、创新创业大赛两项科技创新工作经验，提出了推动湖南省区域科技创新发展的对策建议；第二部分对全省区域科技创新能力进行评价，包括综合情况、实力情况、效力情况、四大区域板块情况、14个市州区域科技创新能力发展情况及与上年度对比情况；第三部分对14个市州科技创新能力逐一专篇分析阐述，根据评价结果提出建设性的对策建议；第四部分为附录，包括评价指标体系、指标解释、评价方法及步骤。

《报告》在撰写过程中得到了湖南省科学技术厅、湖南省统计局、湖南省财政厅、湖南省教育厅、湖南省市场监督管理局、国家税务总局湖南省税务局、长沙海关、各市州科技部门和相关业界单位的大力支持，在此一并表示感谢！

由于时间有限，《报告》在研究方面仍存在不足之处，希望各界对《报告》予以批评指正，并在本报告基础上进行更深入的分析研究，共同为加快构建区域创新体系，建设现代化新湖南做出贡献！

编委会

2023 年 8 月

目 录

第一篇　综合评价篇

1

第二篇　指标评价篇

第三篇　市州评价篇

附 录

第一篇 综合评价篇

一、湖南省科技创新工作成效

2021年，湖南省科技战线全面贯彻党的十九大和十九届历次全会精神与中共湖南省委十一届十三次全会精神，全面落实"三高四新"美好蓝图，坚持"四个面向"，瞄准产业、技术、人才、平台"四个制高点"，着力推进关键核心技术攻关、芙蓉人才行动、创新平台建设、创新主体增量提质等"七大计划"，锻造科技创新核心竞争力，实现"十四五"良好开局。2021年，湖南省科技创新实现"两千三万"跨越，全社会研发（R&D）经费投入首次突破千亿元，达到1028.9亿元，全国排名提升至第9，较上年增长14.49%；技术合同交易成交额突破千亿元，达到1261.3亿元，全国排名第12，较上年增长71.40%；高新技术企业数量突破万家，达到11063家，居全国第10，较上年增长33.40%；入库科技型中小企业数量突破万家，达到11401家，居全国第10，较上年增长54.74%；高新技术产业增加值突破万亿元，达到10994.6亿元，较上年同比增长19.0%。"三区两山两中心"①等创新平台加快建设，"十大技术攻关项目"突破了一批重大关键核心技术，国家耐盐碱水稻技术创新中心等国家级创新平台取得新突破，综合创新能力再进1位、居全国第11，为打造具有核心竞争力的科技创新高地、建设社会主义现代化新湖南提供科技支撑。

---

① "三区两山两中心"："三区"即长株潭国家自主创新示范区、湖南湘江新区、湖南自贸试验区长沙片区；"两山"即岳麓山大学科技城、马栏山视频文创产业园；"两中心"即岳麓山种业创新中心、岳麓山（工业）创新中心。

（一）科技创新成果丰硕，自主创新能力持续增强

2021 年，湖南省持续引导加大全社会研发投入，梳理重点产业领域技术难点，凝练关键核心技术、"卡脖子"技术"清单""榜单"，实施"揭榜挂帅"，持续推进技术攻关行动，重大科技创新项目、重大产业项目一体化推进，产生了一批科技创新成果，企业知识产权成果快速增长，成果产出与成果转化能力不断提升，为建设现代化新湖南注入创新动能。

创新投入水平不断提高。2021 年，湖南省持续实施加大全社会研发投入经费行动计划，全省全社会研发（R&D）经费总量达到 1028.9 亿元，较上年增长 14.49%，总量排名提升至全国第 9，中部第 2；研发（R&D）经费投入强度达到 2.23%，较上年提升 0.08 个百分点，位列全国第 12，中部第 3。创新基础研究支持模式，率先在全国开展重大基础和应用基础研究项目揭榜、择优立项、奖榜资助、滚动支持，全省基础研究经费投入达到 51.64 亿元，总量居全国第 11；基础研究经费投入占比达到 5.02%，居中部第 2，较上年提升 1.18 个百分点，提升幅度居全国第 5。不断优化企业加大研发投入激励政策体系，深入落实推进研发加计扣除政策普及覆盖面，持续实施企业财政研发奖补政策，激励企业加大研发投入，全省享受研发费用税前加计扣除企业达 1.65 万家，加计扣除优惠金额达590.1 亿元；全省获得研发财政奖补资金兑现的企业数量达 3361 家，奖补资金达 8.72 亿元；全省规模以上工业企业研发（R&D）经费投入达 766.11 亿元，居全国第 6、中部第 1；全省规模以上工业企业研发投入强度达 1.76%，排名位居全国第 2，中部第 1，投入强度高于全国平均水平（1.33%）0.43 个百分点；全省规模以上工业企业中有 R&D 活动的企业占比达 51.59%，居全国第 1，占比高于全国平均水平（38.33%）13.26 个百分点。

重大科技攻关成果不断涌现。2021 年，湖南省围绕"四个面向[①]"、贴近"3+3+2"产业集群[②]发展，紧盯关键核心技术攻关，锻造一批具有世界先进水平的"国之重器"。积极争取承担国家重大科技攻关任务，获得国家自然科学基金项目经费近 10 亿元，创历史新高；获得高性能计算、先进结构与复合材料、脑科学与类脑科学研究等科技创新 2030 重大项目、国家重点研发计划专项项目资金经费近 5 亿元；推进实施十大技术攻关项目，形成了一批工程样机和新产品，实现了大型掘进机主轴承等国产化替代，突破了量子点激光器、碳化硅芯片、6 英寸分子外延装备等重大技术；双季杂交水稻平均亩产突破 1600 公斤，再创新纪录；镉低积累水稻选育取得重大突破；国产最大直径盾构机"京华号"投入使用；华

---

① "四个面向"，即面向世界科技前沿、面向经济主战场、面向国家重大需求、面向人民生命健康。

② "3+3+2"产业集群，即打造工程机械、轨道交通、中小航空发动机及航空航天装备 3 个世界级产业集群，建设电子信息、新材料、新能源与节能 3 个国家级产业集群，升级传统产业和培育新兴产业。

菱线缆制造点火电缆、出舱缆，助力"神舟十二""神舟十三"逐梦星辰；"荧光探针性能调控与生物成像应用基础研究"等 15 项成果获国家科技奖励，其中湖南主持完成的 9 个项目成果涵盖了生物、化学、地理等学科，应用于电气、医疗、农作物等领域，并实现了三大奖种的全覆盖。

知识产权创造能力不断提升。湖南以知识产权强省建设为战略引领，持续完善知识产权综合法规体系，紧盯制约湖南省重点产业发展的重点领域、引领未来发展的核心技术，完善以企业为主体、以市场为导向的高质量与高价值知识产权组合培育机制，知识产权成果创造能力持续增强，成果产出量质齐升。2021 年度，湖南全省专利授权量达 98936 件，同比增长 25.68%，有效发明专利拥有量突破 7 万件，达 70114 件；每万人发明专利拥有量达 10.55 件；高价值发明专利拥有量达 23633 件，每万人高价值发明专利拥有量 3.56 件；24 项专利获第二十三届中国专利奖，其中，发明专利金奖 2 项、发明专利银奖 3 项、发明专利优秀奖 16 项；年度全省 PCT 国际专利申请受理 849 件，同比增长 36.06%，年度申请受理数量接近"十三五"期间累计量的一半。企业创新创造产出增速强劲，截至 2021 年底，全省企业拥有有效发明专利 41962 件，同比增长 23.49%，其中，规模以上工业企业拥有有效发明专利 23811 件，占省内企业总量的 56.74%，企业 PCT 受理量达 635 件，同比增长 54.13%，在全省 PCT 国际专利申请受理总量中的比重由去年同期的 66.03% 上升到 74.79%，湖南企业在海外知识产权布局速度明显加快。

(二)产业集群建设提速，现代化产业体系持续升级

湖南积极对接国家战略布局，坚持以科技创新为引领，聚焦"3+3+2"产业集群建设，实施产业发展"万千百"工程，大力推进战略性新兴产业培育、高新技术产业发展，着力破解产业技术"堵点""卡点"，产业链供应链韧性持续增强、链群建设成效明显、产业升级步伐加快，全省奋力打造国家重要先进制造业高地迈出坚实步伐。

高新技术产业发展稳中有进。2021 年，湖南省围绕产业链部署创新链，围绕创新链布局产业链，有序推进 111 个"三高四新"产业建设科技创新项目、11 个省科技创新重大项目、12 个重大种业创新项目、128 个高新技术产业科技创新引领计划项目，不断提升关键核心技术工程化、产业化水平，大力推进战略性新兴产业培育、高新技术产业发展和优势传统产业升级，培育壮大产业发展新动能，塑造经济发展新优势。实现高新技术产业总产值 38994.09 亿元，同比增长 13.02%；实现高新技术产业营业收入 36613.75 亿元，同比增长 13.53%；高新技术产业增加值总量跨越万亿元大关，达到 10994.55 亿元，同比增长 9.09%，占地区生产总值的比重为 23.87%，较上年提高 0.41 个百分点；先进制造与自动

化、新材料技术领域产业增加值占全省高新技术产业增加值的比重分别为 19.58%、21.35%。2021 年，湖南省制定出台《湖南省"十四五"战略性新兴产业发展规划》，立足战略性新兴产业发展基础，加快发展高端装备、新材料、航空航天、新一代信息技术、新能源及智能网联汽车等九大产业，实现战略性新兴产业增加值 4750.60 亿元，同比增长 15.32%，占地区生产总值的比重为 10.31%，较上年提高 0.28 个百分点。

三大世界级产业集群加快培育。2021 年，湖南省聚焦打造工程机械、轨道交通、航空航天三大世界级产业集群，全链条、体系化部署技术攻关和成果工程化、产业化项目，加速技术迭代与升级，推动产品智能化、绿色化转型发展。**工程机械领域**，创新能力不断提升，全球最大吨位起重机、全球最大风电动臂塔机、海底隧道盾构机、固定翼无人机等一批大国重器和新产品相继成功下线；产业保持高速发展，当年 183 家规模企业营业收入达 2800 亿元，占全国工程机械行业的 30% 以上，行业的资产总额、主营业务收入、利润总额连续 12 年居全国各省市首位。**轨道交通领域**，当年轨道交通装备制造总体规模超 1500 亿元，占全国全行业份额的 30% 以上，居全国第 1；核心企业研发投入强度保持在 6% 以上，先进轨道交通装备关键零部件国产化率提高到 90% 以上，其中"株洲·中国动力谷"作为轨道交通产业集群的核心聚集地，80% 以上产业实现本地配套。**航天航空领域**，湖南省航天航空产业规模超 1000 亿元，其中自主研制的第四代涡轴、涡桨发动机全球领先，中小航空发动机规模和竞争力全国第 1，中小航空发动机、飞机起降系统和轻型通用飞机等优势产品分别占据国内军、民、通用航空 90%、70%、70% 的市场份额；神舟十二号的点火电缆、出舱缆、操作系统、空间站舱外服、座椅缓冲器等重要组件均为"湖南制造"。

三大国家级产业集群加速壮大。2021 年，湖南省以产业高端化、智能化、绿色化、融合化为主攻方向，聚力发展壮大电子信息、新材料、新能源与节能三大国家级先进制造业集群。**电子信息产业集群**，聚焦"芯魂固基、屏端突破"，着力支持新一代自主安全计算系统集群在全国率先打造"两芯一生态"格局，2021 年世界计算大会成功举办，中国工业互联网研究院湖南分院、国家工业互联网大数据中心湖南分中心相继落户；特变电工、中大检测等 9 个企业项目入选工信部工业互联网试点示范项目，入选项目数量位居全国第 5、中部省份第 1；电子信息产业营业收入跃上 3500 亿元台阶，打造国家级电子信息产业集群步伐加快。**新材料产业集群**，已初步形成以长沙先进储能材料、长沙株洲先进硬质材料及工具、株洲先进陶瓷、湘潭精品钢铁材料、娄底先进电子陶瓷和钢铁新材料、岳阳化工新材料等多产业阵列协同并进的产业集群格局；2021 年全省先进材料产业实现营业收入 6615 亿元，增加值增速达 14.4%，产量规模位居全国第一方阵，其中，先进储能材料产业规模和市场占有率占全国第 1，硬质合金产量居全国第 1、世界第 2。**新能源与节能产业集群**，形成了衡阳输变电装备集聚区、长沙电力智能控制与设备产业集聚区、株洲和湘潭风电装备集聚区、长株潭衡节能技术装备集聚区、长株郴衡资源综合回收利用基地；智能电网已成为国内最大的输变电产业集群之一，风力发电装备已形成完整的产业链，太阳能光伏电池制造装备位居全国前列。

(三)平台载体优化布局，创新策源承载力持续提升

2021 年，湖南省围绕"3+3+2"产业集群建设和经济社会发展需求，谋划重大科技创新平台的系统布局，发挥众创空间、科技企业孵化器、科技园区在创新主体培育、成果转移转化和产业化中的作用，引导科技园区加速集聚区域创新要素、强化科技产业融合、带动区域创新与经济社会发展。

高水平科技创新平台加速建设。2021 年，湖南省推动建设全省实验室梯队，加快技术创新中心培育布局，谋划重大科研基础设施建设，构建高水平科技创新平台体系。对标国家实验室，大视野谋划、大格局布局、大手笔建设岳麓山实验室，培育种业创新国家战略科技力量。湖南洞庭湖湿地生态系统野外科学观测研究站获批国家野外科学观测研究站，我省的国家野外科学观测站增至 6 个；我国农业领域首批启动建设的国家技术创新中心、我省首个落户的国家技术创新中心——国家耐盐碱水稻技术创新中心获批建设；国家新一代人工智能创新发展试验区落户长沙；11 个中心入选新序列国家工程研究中心；国家第三代半导体技术创新中心(湖南分中心)挂牌；出台《湖南省技术创新中心建设实施方案》，全省首家省级技术创新中心湖南省区块链技术创新中心挂牌组建。截至 2021 年底，湖南共建有 19 家国家重点实验室、349 家省级重点实验室，国家重点实验室全国排名第 8、中部排名第 2；建有 14 家国家工程技术研究中心，458 家省级工程技术研究中心，国家工程技术研究中心全国排名第 8、中部第 2。

创新孵化载体加速布局。2021 年，湖南省持续加大创新创业孵化载体平台建设力度，围绕区域创新体系布局与产业特色，完善各类创新创业孵化机构体系化、专业化发展，构建区域创新孵化平台与创新创业要素对接机制，充分发挥双创示范带动效应，加速建设一批星创天地、众创空间、科技企业孵化器等创新创业载体。中南大学科技园获批国家大学科技园；津市高新区生物医药科技企业孵化器获批国家级专业科技企业孵化器；衡阳高新技术产业开发区创业服务中心等 5 家孵化器获批国家级综合科技企业孵化器；马栏山视频文创产业园、创智园等 11 家众创空间被确定为国家备案众创空间；全省当年新认定省级科技企业孵化器 15 家、新备案省级众创空间 46 家。截至 2021 年底，湖南有省级及以上科技企业孵化器 96 家，其中国家级 25 家，省级及以上科技企业孵化器在孵企业 6320 家、在孵高新技术企业 608 家；省级及以上备案众创空间 289 家，其中国家备案众创空间 69 家；

省级以上星创天地235家，其中国家级星创天地70家。

科技园区高质量发展。2021年，湖南省科技园区以创新驱动发展与高质量发展为使命，强化顶层设计规划布局、引导优势科技创新资源聚集、推进企业创新主体培育、强化产业协同创新发展与产城融合发展，科技园区数量规模不断壮大，发展质效不断提升。2021年，全省新增5家省级高新区，省级及以上高新区数量达到49家，其中国家级高新区8家，居全国第6；新增4家省级农业科技园区，省级及以上农业科技园区数量达到43家，其中国家级农业科技园区13家，居全国第7。2021年，全省高新区积极创建"五好"园区，46家[①]高新区完成了全省园区43.77%的技工贸总收入、40.38%的园区生产总值、46.59%的规上工业企业营业收入、41.06%的上缴税金；产出了全省园区52.70%的新增专利申请授权数、52.38%的技术合同交易额；集聚了全省园区68.1%的省级及以上研发机构、47.57%的省级及以上孵化载体，当年全省新增的6家国家级科技企业孵化器全部落户于高新区；汇聚了全省38.80%的科技型中小企业、39.76%的高新技术企业、75%的科创板上市企业（9家）；全省高新区亩均生产总值、亩均税收、亩均固定资产投入分别达到95.94万元/亩、12.07万元/亩、77.01万元/亩，人均技术合同交易额达到2.39万元/人。

（四）创新主体梯度培育，高成长企业潜力持续释放

湖南大力推动实施"创新主体增量提质计划"，深入推进科技型企业"十百千万"培育工程，分层分类、梯次培育、多措并举、精准施策，不断激发企业自主创新的内在动力，打造"科技型中小企业—高新技术企业—独角兽—上市企业"生态链，不断优化创新创业环境，助力企业高质量发展。

科技型中小企业蓬勃发展。完善潇湘科技要素大市场体系，深化便企利企服务；按照科技型中小微企业培养计划要求，依托科技部门创新创业大赛，紧扣"新一代信息技术、生物医药、高端装备制造、新材料、新能源和新能源汽车、节能环保、数字创意"等多个国家战略性新兴产业设置赛道，对参赛企业知识产权、研发费用投入等情况进行量化，针对性引导晋级企业参评入库；依托工信部门"创客中国"、共青团"创青春"等赛事平台，省市区联动，挖掘了一批涵盖新能源、电子信息等特色产业领域的潜力型科技型中小企业；结合科技型中小企业加计扣除比例提升、企业科技特派员等，落实落地科技型企业财政支持和税收优惠等政策，不断激发中小微企业创新动力。2021年，全省评价入库科技型中小企业突破万家，达11401家，首次跻身全国十强，入库企业数量同比增长54.74%；69.27%的科

---

① 2021年度参评高新区绩效评价的园区数量为46家，3家未参评。

技型中小企业享受研发费用税前加计扣除政策,税收优惠额达99.61亿元,较上年增长58.8%;全省享受研发奖补的3361家企业中入库科技型中小企业占比超过七成,享受研发奖补资金超2亿元;科技型中小企业保持蓬勃发展态势,为高新技术企业数量保持高增长打下坚实根基。

高新技术企业增量提质。湖南省坚持强化企业创新主体地位,将高新技术企业培育作为创新驱动的切入点,组织开展"高新技术企业培育服务季""创新主体增量提质专题"等多形式的活动,深入落实企业研发奖补、研发费用加计扣除、企业知识价值信用贷款等政策,有效增强企业研发创新意识和研发投入积极性。2021年,全省2432家企业通过高新技术企业认定,同比增长18.14%,创历史新高;高新技术企业总数达11063家,突破万家,居全国第10,同比增长33.40%;2021年,全省高新技术企业中享受研发费用加计扣除政策的企业数占比达91.3%,加计扣除金额515.4亿元,减免税额128.9亿元;全省获得企业财政研发奖补的高新技术企业为2839家,占比为84.47%,兑现奖补金额为7.52亿元,占比为87.70%。启动湖南省专精特新"小巨人"企业培育计划(2021—2025),梯度培育一批省级企业成长为国家专精特新"小巨人"企业、单项冠军企业,支持成长为上市企业,引领带动全省中小企业高质量发展。2021年,全省国家专精特新"小巨人"企业达到232家,居全国第7、中部第1;省级专精特新"小巨人"企业达1301家;全省232家国家级专精特新"小巨人"企业中230家为高企,1301家省级"小巨人"企业中1164家为高企。

上市企业创新含量提升。截至2021年底,全省A股上市公司132家,居全国第10、中部第2,其中科创板上市企业12家,创业板上市企业32家,资本市场实力与经济实力基本相当,居全国中上游水平;专精特新类上市公司25家,占比为18.94%,高于全国平均水平。全省A股上市公司研发人员占员工总数的比例排全国第6、中部第1;上市湘企研发支出达到277亿元,同比增长26.99%;研发支出占营业收入的比重为3.38%,占比在全国排第2、中部排第1。2021年,全省新增A股上市公司15家,其中科创板上市企业6家、创业板上市企业5家,"双创"板块在新上市公司占比已达三分之二,"双创"板块已成为湖南公司近年来上市首选;15家新增上市企业实现首发上市融资233.25亿元,同比增长96%,创我省首发上市融资历史新高,融资额居中部第1、全国第7,其中,6家科创板上市企业首发上市融资额165亿元,居中部第1;持续实施企业上市"破零倍增"计划,省级重点上市后备资源库入库企业达611家,较上年新增60家,其中科创板上市后备企业达99家。

(五)治理体系加速革新,创新生态系统持续优化

2021年,湖南省加快推进科技创新高地体制机制改革,开展省自然科学基金、科技人

才计划项目经费"包干制"改革试点,深化科技"放管服"改革与科技人才评价体系优化创新,培育新型研发机构与创新主体,推进科技金融融合,完善科技成果转化服务平台,良好的创新生态激发强劲创新活力。

科技创新治理推陈出新。2021年,面向"十四五"湖南省科技创新治理发展需求,不断提升科技创新治理现代化水平,重点面向科技激励、科技人才评价、科研经费改革等方面出台配套政策措施。坚持松绑和激励并重,落实财政科研经费管理若干意见,出台《湖南省科研项目经费"包干制"试点实施方案》,开展省自然科学基金、科技人才计划项目经费"包干制"改革试点,进一步扩大科研经费使用自主权;落实破"四唯"要求,建立代表作制度,创新科技人才评价体系;出台《关于加强横向科研项目管理规范化的指导意见》,加强我省横向科研项目规范化管理,提高横向科研经费使用效益,增加以知识价值为导向的收入分配政策,调动广大科研人员积极性;深入开展减轻科研人员负担专项行动,优化人才服务支持模式,为科技工作者营造良好环境。在全国率先开展重大基础研究项目和技术创新项目"揭榜挂帅",省内外科研单位积极揭榜、协同攻关,探索攻关新路子;支持高校院所依托优势特色学科,布局建设创新平台,鼓励支持高校开展基础研究和技术攻关,推动"两个70%"成果转化激励政策、科技成果赋权改革、高校科研人员离岗创业等政策落实落地,充分释放高校科技创新潜力。启动知识价值信用贷款风险补偿试点,60余家科技型企业获得纯信用贷款超2亿元,探索了破解科技型企业融资难、融资贵的科技金融支持路径。

创新人才队伍持续壮大。坚持人才"第一资源",深入实施芙蓉人才行动计划,构建全谱系、全链条人才引培体系,持续完善战略科学家、科技领军人才、青年科技人才等人才队伍培育体系,2021年,全省研发人员较上年度增长20.80%,全社会研发人员全时当量达到20.93万人年,全国排名11位,较上年度上升1位。继续实施院士带培计划,鼓励和支持院士与省科技领军人才、湖湘青年英才等优秀青年科技人才建立院士带培关系,培养壮大院士后备人才队伍。2021年,5位湖湘专家成功当选两院院士,在湘院士总数增至44人;8家院士专家工作站在湘落户,总数达到50家;24人入选国家自然科学基金杰青、优青资助名单,创历史新高;支持全省科技创新领军人才53人、科技创新团队20项、创业领军人才37人;依托湖湘高层次人才聚集工程引进支持人才26人、团队6个。在2021年度科技进步奖项目成果授奖的自然科学奖、技术发明奖、科技进步奖"三大奖"项目中,45岁以下青年学者作为第一完成人的共有148项,占51.7%;在30项一等奖项目中,45岁以下第一完成人共有9人,占30%,一批青年科技创新人才脱颖而出。

高校科研院所创新活力迸发。2021年,湖南省落实《关于进一步深化科研院所改革推动创新驱动发展的实施意见》,规范省级科研事业单位章程制定工作,加快公益类科研院所转型为新型研发机构，推动科研院所落实法人自主权，建立现代化运行管理机制，激发创新活力，更好地发挥科研院所创新生力军作用。出台实施《湖南省新型研发机构管理办法》，培育一批"投入主体多元化、管理制度现代化、运行机制市场化、用人机制灵活化"的新型研发机构与创新主体，首批备案省级新型研发机构44家、培育48家，涌现出邵东智能制造技术研究院、长沙先进技术研究院、长沙北斗产业安全技术研究院等一批特色鲜明的新型研发机构。持续实施高校科研院所研发财政奖补政策，兑现24家高校科研院所研发财政奖补资金1404.98万元，支持高校科研院所加强产学研合作、技术转移和成果转化，高校科研院所技术市场成交额达32.95亿元，较2018年增长了95.55%；引导高校科研院所加大研发投入，R&D经费投入合计133.58亿元，同比增长7.47%。

"十四五"开局之年，湖南省科技创新保持强劲发展势头，支撑引领"三高四新"美好蓝图呈现新气象，但是区域科技创新仍存在一些不足。**一是高能级平台建设仍处在起步阶段**。我省国家实验室尚为空白，岳麓山实验室等省实验室尚在起步阶段，省内各地区创新平台建设差异较大，全省70%以上的研发平台集中在长沙、株洲、湘潭3市。**二是创新投入较全国水平仍有差距**。2021年，全省R&D经费投入强度为2.23%，较全国平均水平低0.21个百分点；地方财政科技支出占地方财政支出比重仅为2.61%，居全国第13、中部第5。**三是自主创新与成果转化能力有待提升**。湖南省关键零部件对国外依赖程度较高，创新主体的科技成果转化能力仍待提升，在湘高校输出技术合同成交额占全省输出成交额的比重低于全国平均水平。

二、湖南省科技创新专项工作介绍

（一）长株潭自创区：一体化推动自主创新

自2014年12月，国务院批准建设长株潭国家自主创新示范区（以下简称"自创区"）以来，湖南省委、省政府高度重视，坚持"创新驱动引领区、科技体制改革先行区、军民融合创新示范区、中西部地区发展新的增长极"的战略定位，将自主创新示范区作为创新型省份建设的重要支撑，积极探索体系化政策保障机制、多元主体协同攻关机制、人才引培机制、成果转化机制、创新链产业链对接机制，创新体系逐步优化，全域创新能级整体提升。截至2021年底，自创区实现技工贸总收入2.44万亿元，较2014年增长近3倍；高新技术产业增加值4818亿元，较2014年增长2.06倍，占全省总量的44%；技术合同成交额 677 亿元，较 2014 年增长 20 倍，占全省总量的 55%。

1. 建立体系化政策保障机制，优化全域科技创新生态

长株潭自创区建立"省统筹、市建设、区域协同、部门协作"工作推进机制。省政府成立了由省长任组长、省直部门和三市主要负责人为成员的自创区建设工作领导小组，长株潭三市分别成立了自主创新示范区建设工作领导小组，省政府连续印发实施自创区"三年行动计划"（2017—2019，2020—2022），将长株潭三市 33 个园区（区块）纳入自创区政策覆盖范围，实行常态化建设调度机制，合力推进长株潭自主创新示范区建设。对标落实国家《深化科技体制改革实施方案》改革任务，在科研经费管理、科技计划管理、军民科技成果转化等方面取得多项原创性改革经验，科技计划"三分离""五统一"管理获科技部肯定并向全国推介。针对科技型企业"轻资产"特点，在自创区先行试点的基础上推行科技型企业知识价值信用贷款风险补偿改革。完善了具有长株潭特色的军民科技创新体系，与国防科技大学共建协同创新研究院、军民融合科技创新产业园，打通北斗卫星导航系统定位与轨迹、电磁弹射、高超、冷发射等为代表的军工成果转化途径。长沙扛起"强省会"担当，超前谋划当好"领头雁"，创新实力稳居国家创新型城市前 8；株洲、湘潭对标深化创新一体化，重点科创指标稳居全省第一方阵，三市协同引领全省区域创新体系建设。

2. 探索多元主体协同攻关机制，突破关键核心技术

长株潭自创区加快创新平台提标赋能，2021 年，多部门以推进"三区两山两中心"建设为牵引，协同推进长沙国家新一代人工智能创新发展试验区、国家车联网先导区、国家智能网联汽车测试区、国家网络安全产业园区、国家技术标准创新基地（长株潭）等重点工程建设。聚合一流大学、科研机构、企业，着力技术攻关，突破一批关键核心技术。聚焦装备制造、新材料、深海深地深空、新一代信息技术等特色优势领域，紧盯制约产业发展的关键领域和引领未来发展的核心技术，争取国家"两机"（航空发动机及燃气轮机）重大专项；积极推进十大技术攻关项目，取得重大原创成果和前沿技术 100 多项，解决了一批"卡脖子"问题，攻克了量子点激光器、碳化硅芯片、6 英寸分子外延装备等关键核心技术，大型掘进机主轴承、麒麟信安计算机操作系统、高压 IGBT 芯片等装备技术打破国外垄断。

3. 构建梯次人才引培机制，打造区域创新人才高地

长株潭自创区以构建长株潭高层次创新人才体系为目标，优化人才评价及支持机制，加强人才服务保障，激发人才创新活力。落实破"四唯"，建立代表作制度，出台国家"三评"改革后省级层面《关于分类推进人才评价机制改革的实施意见》《湖南省深化职称制度

改革的实施意见》等政策文件，全方位优化人才发展环境，科技人才引培、人才评价、人才服务"三大"体系逐步完善，量身定制战略科学家、科技领军人才和创新团队、青年科技人才引育政策体系，形成从大学生、研究生、博士后、湖湘青年英才、科技领军人才到院士的科技人才梯队体系。开展省自然科学基金、科技人才计划项目经费"包干制+负面清单制"改革试点，落实高校科研人员离岗创业等激励政策，激发人才创新活力。试点高端外国人才服务"一卡通"，全国首创外国专家来华工作许可办理"三窗合一"。创新人才服务模式，为院士等顶尖人才提供"菜单式"服务，为青年人才建立常态化、一对一联系服务机制和院士带培机制。实施湖湘高层次人才聚集工程，对引进的海内外顶尖团队，提供最高 1 亿元的综合支持。

4.完善科技成果转化机制，加速科技成果转移转化

长株潭自创区积极落实科技成果赋权改革，实施"两个70%"成果转化激励政策，持续完善科技成果转化服务体系，深入实施潇湘科技要素市场体系创新工程，健全科技成果评价制度，试点科技型企业知识价值信用贷款风险补偿，激发科技创新内生动力。在全国率先探索以知识产权为纽带的成果转化新模式，出台专利使用权入股政策，打通成果转化的法律保护通道。汇聚国防科技大学等军工央企创新力量，推动"军转民，民参军"发展，培育了景嘉微、国科微等上市公司以及东映碳材等一批高成长型企业。北斗应用领域，高精度、高灵敏度、高动态、高抗干扰、导航专用芯片等接收机核心技术填补了产业链的短板。长株潭衡岳国防科技工业军民融合创新示范基地获批建设，军工产业助力高技术武器装备、载人航天等重大工程建设。

5.探索创新链产业链对接机制，培育创新型产业集群

长株潭自创区大力支持企业牵头组建创新联合体、建立产业技术研究院与专业孵化器，打造主配协同、创新发展的创新生态，孵化培育新企业、新业态，拓展形成"一个企业领办、一个众创空间、一支创新创业基金、一个创业导师团队、一个产业发展基地"的"五位一体"产业培育新模式。实施"一条产业链、一名省领导、一套工作机制"，全面梳理产业链技术创新路线图，加速产业链创新链体系化布局。增强关键领域数字技术创新能力，加快推动数字产业化发展和产业数字化转型升级，借助车联网、5G 等前沿科技手段，实施装备制造产业"数字化"赋能。按照"三谷多园"的布局，差异化、特色化打造长株潭"科创谷""动力谷""智造谷"，培育壮大工程机械、轨道交通装备、航空动力等世界级产业集群。三一重工、中联重科、铁建重工和山河智能 4 家企业入围全球工程机械制造商 50 强，截至2021 年底，长沙工程机械产业规模已达 2500 亿元，连续 10 年居全国第 1，支撑全省装备

制造产业突破万亿元大关。株洲中车株机、中车株所稳居轨道交通行业前 5，331 厂、608 所、中航飞机起落架有限公司等军工央企支撑中小航空发动机产业规模和竞争能力居全国第 1。

（二）创新创业大赛：合众聚势促星火燎原

湖南省创新创业大赛（以下简称"大赛"）自 2013 年启动以来，坚持每年举办 1 次，除 2014 年因特殊原因停办一年外，截至 2021 年底成功举办八届。在省委、省政府统筹部署、多个省直部门协同指导、社会各界的大力支持下，参赛企业数量不断攀升、参赛企业科技含量大幅提升、赛事辐射引领力和影响力不断凸显。2013 年参赛企业仅 426 家；2017 年逼近千家；2021 年居全国第 5，中部第 1。参赛科技型企业在 2017 年实现高新技术企业零的突破后，2021 年参赛企业中高新技术企业占比达到 38%、科技型中小企业占比达到 55%。大赛举办以来，累计产生 15425 个参赛项目，立项数量从 2013 年的 50 项，到 2017 年突破百项、2021 年突破两百项，累计 1295 个企业和团队在大赛中获奖；省赛获奖项目积极参与全国赛角逐，全国行业决赛获奖数从 2013 年的 10 项，到 2021 年达到 35 项，累计 150 多个企业和团队在全国总决赛中获奖。

湖南省创新创业大赛对接中国创新创业大赛，吸引了众多优秀创新创业项目和团队参赛，大赛不断改进赛程赛制、创新服务，形成了在政府引导下通过市场机制有效推进新模式与办赛经验的科技创新创业模式。

1. 赛前优组织，激活创新创业

湖南省创新创业大赛通过多年积累，逐步形成了一套政府主体引导、系统政策配套、多方资源汇聚的办赛模式。

多方主体联动推动。湖南省委、省政府，省科技厅、省财政厅、省教育厅、省委网信办、团省委和省工商联等省直相关部门，市州政府，产业园区等政府主体对大赛高度关注并给予大力支持，逐步形成了"省市联动、三级办赛"的办赛模式，为创新创业环境建设标定了"定盘心"。大赛逐步由政府"唱独角戏""担主角"，不断向"政府引导、公益支持、市场机制"升级转变，引入长沙银行等九大银行和 350 余家创投、金融和专业服务机构，逐渐形成政府主管部门、园区牵头搭台、各类创业企业积极担角、各类创投服务机构服务支撑等良性互动局面。

大赛赛程赛制不断优化。大赛从"国家—省"两级赛事联动，逐步发展成为"国家—省—市"三级赛事联动，分市州赛、半决赛、总决赛和全国赛四个赛程。市州赛由 14 个市州科技局牵头办赛并同步开赛,各市州按照40%的参赛项目向省赛推荐,参加省半决赛和总决赛,市州赛的举办大幅提升了大赛的覆盖面和各市州的组织参与热情。省赛多措并举拓展项目遴选方式,在逐级遴选优胜项目的基础上,增设"以投代评"与"以赛代评"同步晋级通道,对获得一定投资额度的项目(初创组100万元以上、成长组500万元以上)可直接晋级省半决赛,并择优推荐全国赛。

2. 赛中强引导,集聚要素资源

大赛认真落实全国赛相关组织要求,结合湖南省情实际,坚持"赛马场上选骏马、市场对接配资源"的办赛理念,引导各类科技创新资源联合支持参加企业加速成长。

配套政策引导。 大赛从人才政策激励、创业服务等方面为企业构建起系统的政策支持体系。获得省赛等次奖励的企业创办者或实际控制人可纳入省科技创新人才储备库,同等条件下优先支持申报省科技创新人才计划;获得省赛和全国赛等次奖励的企业创办者或实际控制人可直接或优先考虑认定为"省科技创业领军人才"。为优秀参赛企业提供创投和融资贷款推荐,拓宽中小企业融资渠道;对符合大赛合作孵化器或众创空间入驻条件的优秀参赛企业,享受优惠和减免入驻。

创新要素汇聚。 大赛通过汇集融合市场资本、技术成果、创业人才等创新创业要素资源,搭建各项要素交互对接平台,服务社会创新创业。积极吸纳创投、金融机构参与赛事服务,多渠道引资助力参赛企业发展,全国20余个主要省市的350余家创投、金融和专业服务机构参与大赛,共达成意向投资25.8亿元、意向授信贷款19.7亿元,209家企业已获得融资16.57亿元。以项目为申报载体,吸引高校、科研院所专家以核心团队或产学研合作形式参与大赛,精准对接企业技术需求,累计征集企业技术需求超2000个;联合江苏、浙江等8省市共享创新资源,吸引省内外200多个高校、科研院所、企业和科技工作者参与技术对接,征集技术需求解决方案超900个,签订技术合同超600项。2016年以来,科技部增设"国家创新人才推进计划科技创新创业人才"申报绿色通道后,我省通过大赛渠道累计推荐创新创业人才超50名。

3. 赛后推成长,支撑创新发展

做强地方服务配套。 大赛鼓励各市州积极做好参赛获奖企业和团队跟进服务培育工作,按照"一市一主导产业"的产业集群布局来搭建"双创"平台,为地方参赛企业和团队进行定向跟踪服务。通过赛制改革,引入市州、园区参与大赛承办工作,召开招商推介会,帮助参赛的优质项目快速在地方和产业园区落户。通过行业赛,集聚各区域优势资源,加强产业上下游企业、同业竞争者、金融机构和服务机构之间的沟通与协作,助推产业升级转型和竞争力提升。省、市、县三级科技主管部门联合专业服务机构，组织专场融资路演、主题论坛、行业沙龙、市场与技术对接和创业服务培训等活动，每年举办各类创业服务活动 80 余场，培训创业者超 2 万名。

提供更高成长赛道。大赛依托公开、透明的评选制度，充分发挥托举高水平创业团队和企业加速成长的作用。以"融资+融智"的形式服务实体经济，助力企业发展，累计企业超 5000 户，帮助方心科技、西施生态、烈岩科技等 250 余家参赛企业获得创业投资，其获得的投资额总计超过 50 亿元。2021 年，精选凝练 123 个项目报名参加国家颠覆性技术大赛，获评"优秀项目"11 个、"优胜项目"6 个。华腾制药、都正生物、中航动力、菁益医疗等企业通过大赛加速技术创新步伐，打破国外技术垄断，壮大成为科技小巨人企业。圣湘生物、明康中锦等企业在疫情防控工作中展现担当。

三、湖南省区域科技创新发展建议

迈入中国式现代化新征程，湖南应坚持"四个面向"，以打造具有核心竞争力的科技创新高地为目标，重点推进长株潭自创区、湘江科学城、"4+4 科创工程"、全球研发中心城市、科技赋能文化产业创新工程"五大标志性工程"，夯实基础研究、打通科技成果转化通道，推进现代化产业体系建设，以高水平科技创新支撑引领高质量发展，为建设社会主义现代化新湖南、实现"三高四新"美好蓝图贡献科技力量。

（一）锻造战略科技力量，构建现代化技术研发平台体系

以"4+4 科创工程"建设为牵引，加快高能级创新平台建设，优化全省实验室体系和技术创新中心体系，力争建设国家实验室、大科学装置，支撑打造国家区域科技创新中心。完善湖南省科技创新平台体系建设，以岳麓山实验室、湘江实验室、芙蓉实验室和岳麓山工业创新中心（实验室）为牵引，推进高能级创新平台建设，强化战略科技力量体系化布局；推进科技、工信、发改和军民融合等部门各类科技创新平台体系化建设，推进国家制造业创新中心、国家企业技术中心、国家工程研究中心等国家级平台建设认定；抢抓国家重点实验室体系重组机遇，坚持"争先保优、联合创优、调整做优"，确保国家重点实验室数量，提升高能级平台占比。布局重大科技基础设施建设，高质量完成国家超级计算长沙中心升级建设，支持新一代"天河"超级计算机研制工作，争取率先在湘落户；立足湖南实际，面向发展需求，积极推动建设大飞机地面动力学试验平台、轨道交通力能极端装备综

合试验平台、人工智能应用系统安全对抗测试验证平台、量子器件研制与应用实验装置、湖南省科学数据中心等重大科技基础设施。加快省级创新平台体系建设，加强对现有省工程研究中心、制造业创新中心、临床医学研究中心的定期评估和动态管理，优化现有平台功能布局；依托龙头企业、央企，联合有关高校、科研院所，组建3~5个体系化、任务型、覆盖全产业链的湖南省技术创新中心。

（二）融通科技创新链条，构建现代化产业技术创新体系

以高质量科技创新支撑和引领现代化产业体系建设，不断夯实基础研究能力，保障产业链安全；持续开展技术攻关，锻造产业竞争实力；积极推进产业化进程，抢占发展先机。强化基础研究稳定支持，加强战略层次规划布局，制定实施全省基础研究规划和实施方案，结合国家所需和湖南所能，开展有组织、建制化基础研究；以"政府引导、社会参与"的方式，吸纳社会力量参与基础研究，优化省市、科卫等联合基金资助体系，推动部门、园区、行业协会和龙头企业成立省自然科学基金联合基金。推进关键核心技术攻关，围绕工程机械、轨道交通产业的重点开展关键零部件、整机及数字化技术攻关，推动产品智能化、无人化、电动化、绿色化高质量发展；推进信息技术、新材料技术、节能技术与先进制造业深度融合；构建支撑先进制造产业高质量发展的现代技术创新体系；加快我省传统优势特色产业技术改造、产品创新、智能升级；布局深地、深海、深空、人工智能等应用场景构建，抢占发展先机。加速产业化进程，积极推进和完善产学研体系化建设，构建重点产业技术研发、中试平台、技术熟化、孵化载体开展链条式发展模式，在国家级高新区、高校科技园布局建设一批产业共性概念验证中心、中试基地，鼓励和支持产业技术同盟共同围绕新兴产业技术开展熟化基地建设，加大重点新兴产业领域优质创新项目和团队的定向孵化机构建设，实现产业链与创新链融合发展。

（三）激发创新主体活力，完善现代化创新主体培育体系

坚持分类指导、精准施策，不断强化企业创新主体地位，促进各类创新要素向企业集聚，助力企业加速成长，提高企业技术创新活力，培育壮大新型研发机构，助力建设高水平产业集群，稳定经济大盘。助力企业加速成长，持续推进科技型企业培育工作，进一步做大科技型中小企业、高新技术企业存量；建立高成长性企业识别、培育、支撑服务体系，遴选优质种子型高成长企业；加大重点科技领军企业创新资源配置，打造一批"链长"型重点企业，以"链长"为龙头，构建产业生态；持续更新上市企业培育库，强化上市指导

与服务力度，重点扶持一批企业在科创板上市。激发企业活力，分类实施企业研发奖补、鼓励企业承担重大技术与关键产品攻关、支持企业开展产学研合作，提升企业研发能力；鼓励企业引进高层次人才、加大企业科技人才培养支持力度，支持企业引进高水平科技创新人才；全面推行科技型企业知识价值信用贷款风险补偿工作，成立股权投资引导基金，吸引社会资本助力科技型企业开展研发；向科技型企业开放应用场景，发布场景清单，引导科技型企业共同围绕重大应用场景布局研发活动。健全科教协同、产教融合机制，支持引导企业依托高校、科研机构、高层次人才团队等优势科技创新资源，培育建设一批机制灵活、协同高效的新型研发机构，制定分类支持政策，完善新型研发机构的考核与激励机制，促进科技研发、成果转化、产业培育协同发展。

（四）优化创新创业服务，完善现代化创新孵化育成体系

不断推进科技成果转化服务体系、创新孵化体系、科技金融服务体系建设，提高科技成果转化和产业化水平，促进科技—产业—金融良性循环。优化科技成果转化服务体系，开展赋予科研人员职务科技成果所有权或长期使用权试点，推动建立赋权成果"负面清单"；推进潇湘科技要素大市场建设，在有条件的县市或行业建设工作站，试点潇湘科技要素大市场高校工作站、园区工作站定期交流对接机制，加速要素信息更新、流动，分地域、分产业组织开展科技成果专项路演和对接活动。完善创新孵化体系，用好创新创业大赛优质平台，以大赛为"试金石"遴选优质创新项目和团队；新建一批省级孵化器、众创空间和星创天地，培育大学科技园，争创国家级双创载体，构建完善"众创空间+孵化器+加速器"孵化链条；加快省级技术转移示范机构、技术经纪（经理）人队伍建设，鼓励建设公共技术服务平台和科技产业融合发展综合服务平台，探索市场化科技公共服务模式。完善发展科技金融服务体系，全面推行科技型企业知识价值信用贷款风险补偿，鼓励符合条件的金融机构在自创区、自贸区、国家高新区设立科技支行，积极引导和集聚社会资本投资科技成果转化；设立湖南省科技成果转化引导母基金，推进天使基金、孵化基金等覆盖企业各成长阶段的基金体系建设，鼓励市州、行业、高校等合作设立子基金，为科技成果转移转化提供金融支持。

（五）推进重大创新战略，完善现代化区域科技创新体系

加快推进湘江科学城、长沙全球研发中心建设落地，构建以湘江新区、自创区为核心，以科技园区为触角的区域协同创新布局。推动湘江科学城规划落地，打造科技创新高地核

心示范区和创新成果策源地、创新人才聚集区、创新产业增长极、创新生态共同体、创新发展新引擎，布局建设前沿科学创新区、全国重点实验室（大科学装置）、新型研发机构和高水平科技领军企业，聚焦基础研究、关键核心技术攻关，以一流平台、一流人才，创造一流成果、作出一流贡献，助力打造科技创新高地。支持打造全球研发中心城市，积极对标美国硅谷、美国波士顿、日本筑波等国际知名科技创新研发中心，整合汇聚长沙悠久科教文化积淀、深厚科技创新潜力，坚持对内整合提升，对外开放共享，制定全球研发中心城市建设实施规划；依托工程机械、轨道交通、航空航天、视频文创等优势领域打造一批世界级企业研发中心与研发应用场景，建设跨国公司研发总部集聚区、高端研发人才蓄水池、重大科技成果与高新技术产业策源地。构建自创区+科技园区区域协同创新体系，以长株潭自主创新示范区建设深化引领长株潭一体化发展，发挥长株潭区域辐射引领作用；对标"五好"园区创建要求，推动全省高新区、农业科技园区高质量发展；以高新区、农科园等科技园区协同创新为支点，推动以长株潭为极点、以科技园区为网络的全省区域协同创新体系建设。

第二篇　指标评价篇

本评价报告沿用上年度区域科技创新能力评价指标体系，由科技创新供给力、成果产出转化力、平台载体驱动力、产业经济贡献力和创新主体竞争力5个一级指标，24个二级指标和48个三级指标构成（见附录）。本篇首先从全省14个市州、四大区域板块的角度分析科技创新能力、实力和效力的得分与排名情况，再从5个一级指标角度对比分析14个市州科技创新发展情况。

一、湖南省区域科技创新能力评价情况

（一）湖南省各市州科技创新能力情况

1. 综合情况

评价结果显示，长沙、株洲、湘潭和衡阳科技创新能力得分居全省前四位，岳阳科技创新提速显著，创新能力综合值突破85分，跻身全省科技创新"第一梯队"；益阳、邵阳、郴州和娄底创新能力综合值迈入80分阵营。

根据各市州区域科技创新能力综合得分（表2-1、图2-1），可以将14个市州分为3类。第1类：科技创新能力综合得分在85分以上的市州，包括长沙、湘潭、株洲、衡阳和岳阳。第2类：科技创新能力综合得分低于85分，但高于80分的市州，包括常德、永州、益阳、邵阳、郴州、娄底。第3类：科技创新能力综合得分低于80分的市州，包括怀化、湘西州和张家界。

表 2-1　各地区科技创新能力得分及排名情况

地区	科技创新能力		科技创新实力（60%）		科技创新效力（40%）	
	得分	排名	得分	排名	得分	排名
长沙	92.27	1	97.32	1	84.69	8↓
株洲	88.13	2↑	90.58	2	84.46	9↓
湘潭	87.16	3↓	88.26	3	85.50	7↓
衡阳	86.76	4	85.28	4	88.97	2↓
岳阳	86.51	5	84.19	5	89.99	1↑
常德	83.29	6	81.45	6↑	86.05	5↑
永州	82.93	7	81.02	7↑	85.80	6↓
益阳	82.77	8↑	80.51	8↑	86.15	4↓
邵阳	81.98	9↑	77.66	12	88.46	3
郴州	81.53	10↑	79.74	9↑	84.21	10↓
娄底	80.24	11	77.76	11↓	83.95	11↓
怀化	78.72	12↓	78.25	10↓	79.42	13
湘西州	75.74	13	72.40	13	80.74	12↑
张家界	68.54	14	61.40	14	79.24	14↓

　　从各地区科技创新能力一级指标综合得分看（表 2-2），长沙科技创新供给力突破90分，以 92.77 分排名全省第 1；株洲和湘潭紧随其后，排名分别位居第 2、3，岳阳以87.20 分位居第 4，得分较上年提高了 9.61 分；衡阳以 87.05 分位居第 5；此外，处于 80~90 分之间的还有郴州、永州；湘西州在加大全社会研发（R&D）经费投入方面持续发力，科技创新供给力得分较上年提高了 9.66 分，与益阳、娄底和邵阳等共 6 个地区得分处于 70~80 分之间；张家界得分仍低于 70 分。

　　成果产出转化力得分最高的是长沙，为 95.36 分，高于 90 分的还有株洲和湘潭，得分分别为 90.41 分、90.13 分；虽然其他地区在成果产出与转移转化方面取得了不同程度的进步，但与头部市州差距仍然较大，衡阳、岳阳和娄底等 9 个地区成果产出转化力得分集中于 70~80 分之间，尚无 80~90 分之间地区；湘西州和张家界得分低于 70 分。

地区   得分

地区	实力	效力
长沙	97.32	84.69
株洲	90.58	84.46
湘潭	88.26	85.50
衡阳	85.28	88.97
岳阳	84.19	89.99
常德	81.45	86.05
永州	81.02	85.80
益阳	80.51	86.15
邵阳	77.66	88.46
郴州	79.74	84.21
娄底	77.76	83.95
怀化	78.25	79.42
湘西州	72.40	80.74
张家界	61.40	79.24

■ 实力   ■ 效力

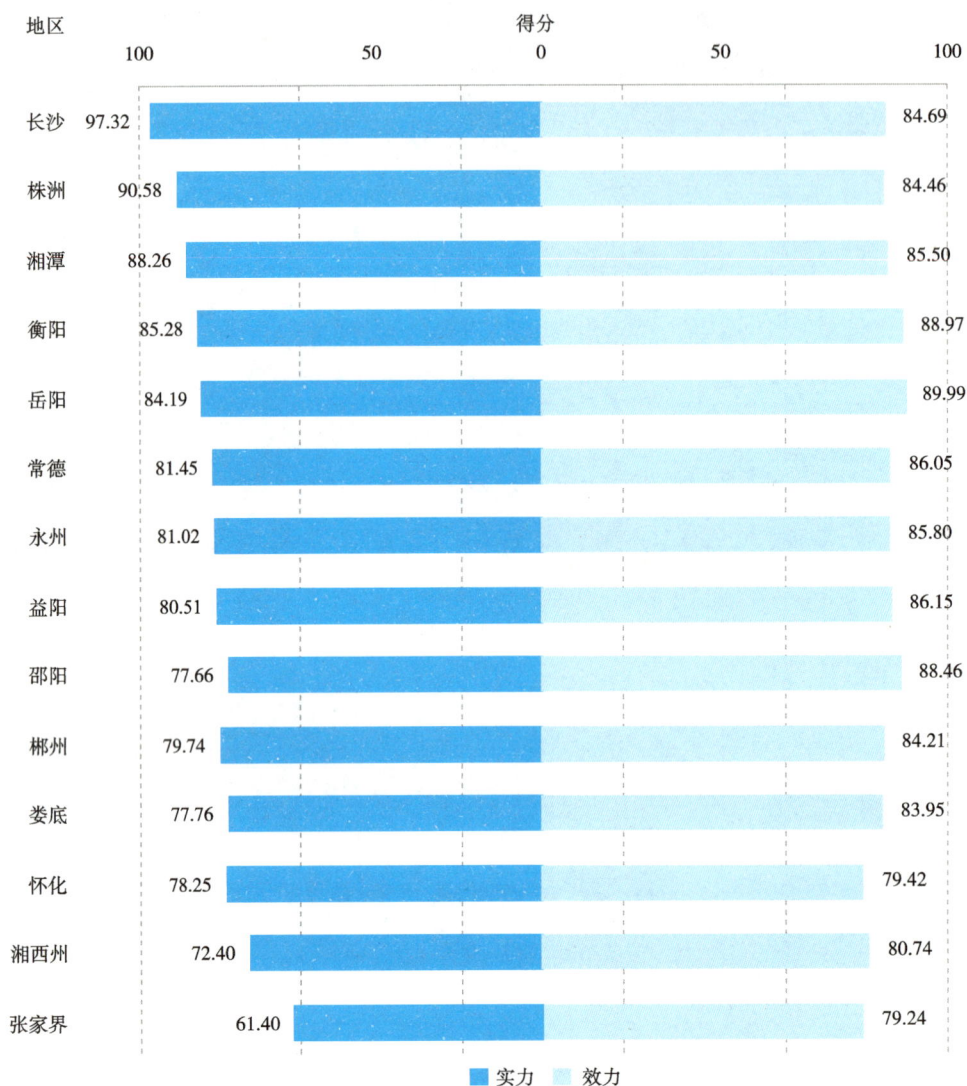

图2-1 各地区科技创新能力实力与效力得分对比

平台载体驱动力方面常德表现最为突出，是该指标综合得分唯一突破90分的地区，以90.10分排名全省第1；岳阳、长沙和衡阳紧随其后，得分均超过85分，排名分别为第2、3、4；株洲、邵阳和益阳等5个地区平台载体创新驱动发展能力也不断增强，得分处于80~85分之间；除张家界外，其余4个地区平台载体创新驱动力得分均在70~80分之间。

产业经济贡献力方面岳阳、长沙表现突出，分别以90.95分和90.36分排名全省第1、2；湘潭、株洲和郴州等8个地区得分均在85分以上；邵阳、怀化以优势产业发展带动区域经济增长，得分均超过80分；湘西州和张家界2个地区得分低于80分。

创新主体竞争力方面长沙持续发挥"领头雁"作用,达到93.96分,排名全省第1,衡阳突破90分,以91.49分排名第2;除湘西州和张家界外,其余10个地区得分处于80~90分,益阳、岳阳、常德得分提升显著,进位明显。

表2-2 各地区科技创新能力一级指标综合得分及排名情况

地区	科技创新能力		科技创新供给力（25%）		成果产出转化力（15%）		平台载体驱动力（15%）		产业经济贡献力（20%）		创新主体竞争力（25%）	
	得分	排名	得分	排名	得分	排名	得分	排名	得分	排名	得分	排名
长沙	92.27	1	92.77	1	95.36	1	88.07	3	90.36	2	93.96	1
株洲	88.13	2	88.84	2	90.41	2	84.57	5	88.13	4	88.17	3
湘潭	87.16	3	88.11	3	90.13	3	82.81	8	89.89	3	84.83	9
衡阳	86.76	4	87.05	5	79.48	4	87.69	4	85.23	9	91.49	2
岳阳	86.51	5	87.20	4	77.86	5	89.75	2	90.95	1	85.51	8
常德	83.29	6	78.27	11	74.12	10	90.10	1	86.10	8	87.48	5
永州	82.93	7	82.07	7	76.12	8	81.54	9	86.70	6	85.71	7
益阳	82.77	8	79.59	8	76.88	7	83.10	7	86.58	7	86.22	6
邵阳	81.98	9	78.81	10	72.21	12	83.37	6	84.54	11	88.13	4
郴州	81.53	10	84.50	6	75.76	9	68.45	13	88.11	5	84.59	10
娄底	80.24	11	78.85	9	77.25	6	77.50	11	85.02	10	81.24	12
怀化	78.72	12	75.57	13	72.72	11	78.87	10	83.55	12	81.52	11
湘西州	75.74	13	78.07	12	67.25	13	73.66	12	78.02	13	77.91	13
张家界	68.54	14	63.25	14	65.27	14	67.74	14	74.33	14	71.63	14

2. 实力情况

在各地区科技创新实力排名中(表2-3),全省科技创新实力平均得分为81.13分,6个地区得分超过全省平均水平。长沙明显领先其他地区,得分97.32分,排名全省第1,

株洲得分突破90分，以90.58分位居第2，湘潭和衡阳紧随其后，分别排名第3、4，均超过85分；常德、永州和益阳得分迈过80大关，与岳阳处于80~85分之间；怀化得分不足80分，与郴州等4个地区得分处于70~80分之间；张家界得分低于70分。

全省科技创新供给力平均得分为80.08分，5个地区得分超过全省平均水平。长沙保持绝对领先优势，得分达到98.07分，位列全省第1，株洲、湘潭均突破90分，分别排名第2、3；衡阳、岳阳2个地区得分在85~90分之间；郴州、永州和益阳等8个地区得分在70~80分之间；张家界得分均低于60分，与其他地区差距较大。

全省成果产出转化力平均得分为74.75分，4个地区得分超过全省平均水平。株洲得分突破90分，与长沙2个地区得分处于90分以上；湘潭以89.94分紧随其后，排名第3；其余地区与前三位地区得分差距较大，衡阳、常德和益阳等7个地区得分在70~80分之间；邵阳和湘西州2个地区得分在60~70分之间。

全省平台载体驱动力平均得分为81.45分，7个地区得分超过全省平均水平。仅长沙得分在90分以上；湘潭、岳阳和常德等7个地区得分在80~90分之间；邵阳和永州等4个地区得分在70~80分之间；郴州和张家界2个地区得分在60~70分之间。

全省产业经济贡献力平均得分为84.64分，9个地区得分超过平均水平。长沙和岳阳得分持续保持在90分以上；株洲、郴州和湘潭等9个地区得分在80~90分之间；怀化和湘西州2个地区得分在70~80分之间；张家界得分在70分以下。

全省创新主体竞争实力平均得分为83.01分，9个地区得分超过平均水平。长沙和株洲得分持续保持在90分以上；衡阳紧随其后，以88.88分位居全省第3；永州、怀化和常德等8个地区得分主要处于80~85分之间；娄底和湘西州2个地区得分在70~80分之间；张家界得分低于70分。

表2-3　各地区科技创新实力一级指标得分及排名情况

地区	科技创新实力		科技创新供给力(25%)		成果产出转化力(15%)		平台载体驱动力(15%)		产业经济贡献力(20%)		创新主体竞争力(25%)	
	得分	排名	得分	排名	得分	排名	得分	排名	得分	排名	得分	排名
长沙	97.32	1	98.07	1	98.16	1	96.91	1	94.28	1	98.76	1
株洲	90.58	2	93.83	2	90.69	2	85.67	5	89.79	3	90.82	2
湘潭	88.26	3	90.90	3	89.94	3	88.17	2	88.93	5	84.11	7

续表2-3

地区	科技创新实力		科技创新供给力（25%）		成果产出转化力（15%）		平台载体驱动力（15%）		产业经济贡献力（20%）		创新主体竞争力（25%）	
	得分	排名	得分	排名	得分	排名	得分	排名	得分	排名	得分	排名
衡阳	85.28	4	85.59	4	75.35	4	85.32	6	87.81	6	88.88	3
岳阳	84.19	5	85.24	5	72.05	7	87.71	3	91.81	2	82.22	11
常德	81.45	6	77.06	10	73.54	5	87.00	4	85.37	9	84.12	6
永州	81.02	7	79.21	7	71.04	9	79.87	10	87.14	7	84.62	4
益阳	80.51	8	77.50	8	72.88	6	81.87	7	85.44	8	83.34	9
郴州	79.74	9	79.94	6	71.66	8	68.16	13	89.65	4	83.40	8
怀化	78.25	10	77.33	9	68.76	11	77.35	11	79.70	12	84.26	5
娄底	77.76	11	74.69	11	70.90	10	80.18	8	82.67	10	79.58	12
邵阳	77.66	12	74.47	12	66.98	12	79.96	9	81.48	11	82.83	10
湘西州	72.40	13	71.06	13	65.78	13	76.20	12	75.60	13	72.86	13
张家界	61.40	14	56.19	14	58.72	14	65.96	14	65.31	14	62.36	14

3. 效力情况

在各地区科技创新效力排名中（表2-4），全省科技创新效力平均得分为84.83，7个地区得分超过平均水平。岳阳表现突出，得分逼近90分，达到89.99分，较上年度提升了9.68分；除怀化和张家界以外的其他地区得分主要分布在80~90分之间。益阳和湘西州分别较上年度提升了5.74分和4.75分，分别进位5名和2名，科技创新效力提升显著。

全省科技创新供给力平均得分为83.99分，8个地区得分超过全省平均水平。郴州和岳阳2个地区得分在90分以上；衡阳、湘西州和永州等10个地区得分在80~90分之间；张家界和怀化2个地区得分在70~80分之间。湘西州和岳阳2个地区得分上升较为显著，分别较上年度提升了17.10分和15.95分。

全省成果产出转化力平均得分为82.67分，8个地区得分超过全省平均水平。长沙、株洲和湘潭3个地区得分纷纷突破90分大关，娄底、岳阳和衡阳等7个地区得分在80~

90 分之间；怀化、张家界和常德等 3 个地区得分在 70~80 分之间。娄底、衡阳和岳阳 3 个地区得分提升较为显著，分别较上年度提升了 12.37 分、12.32 分和 10.54 分。

全省平台载体驱动力平均得分为 80.90 分，8 个地区得分超过全省平均水平。常德、岳阳和衡阳 3 个地区得分突破 90 分，分别以 94.74 分、92.81 分和 91.24 分排名全省前三；5 个地区得分在 80~90 分之间；4 个地区得分在 70~80 分之间；2 个地区得分在 60~70 分之间。衡阳、邵阳、岳阳和张家界在平台载体驱动力得分提升较为显著，分别较上年度提升了 20.36 分、14.32 分、11.83 分和 11.81 分。

全省产业经济贡献力平均得分为 86.88 分，8 个地区得分超过全省平均水平。仅湘潭得分处于 90 分以上，其余 13 个地区得分都分布在 80~90 分之间。湘潭在产业经济贡献效力提升最为显著，较上年度提升了 10.70 分，郴州和张家界提升也较为明显，分别较上年度提升了 8.99 分和 7.60 分。

全省创新主体竞争力平均得分为 87.69 分，5 个地区得分超过全省平均水平。邵阳和衡阳得分继续保持上年度优势，位居全省前 2，常德、益阳和岳阳 3 个地区得分突破 90 分，分别排名第 3、4、5；8 个地区得分在 80~90 分之间；仅怀化得分低于 80 分。益阳、常德和岳阳在创新主体竞争力得分提升较为显著，分别较上年度提升了 8.59 分、8.46 分和 6.97 分。

表 2-4 各地区科技创新效力一级指标得分及排名情况

地区	科技创新效力		科技创新供给力(25%)		成果产出转化力(15%)		平台载体驱动力(15%)		产业经济贡献力(20%)		创新主体竞争力(25%)	
	得分	排名	得分	排名	得分	排名	得分	排名	得分	排名	得分	排名
岳阳	89.99	1	90.15	2	86.58	5	92.81	2	89.67	2	90.45	5
衡阳	88.97	2	89.24	3	85.68	6	91.24	3	81.36	14	95.41	2
邵阳	88.46	3	85.33	6	80.06	10	88.48	4	89.14	4	96.08	1
益阳	86.15	4	82.73	10	82.88	8	84.94	5	88.29	6	90.54	4
常德	86.05	5	80.09	12	74.98	13	94.74	1	87.19	8	92.53	3
永州	85.80	6	86.35	5	83.73	7	84.05	6	86.05	9	87.34	6
湘潭	85.50	7	83.93	9	90.41	2	74.77	10	91.33	1	85.90	9
长沙	84.69	8	84.83	8	91.16	1	74.82	9	84.47	12	86.75	7

续表2-4

地区	科技创新效力		科技创新供给力（25%）		成果产出转化力（15%）		平台载体驱动力（15%）		产业经济贡献力（20%）		创新主体竞争力（25%）	
	得分	排名	得分	排名	得分	排名	得分	排名	得分	排名	得分	排名
株洲	84.46	9	81.36	11	90.00	3	82.92	7	85.64	11	84.19	12
郴州	84.21	10	91.34	1	81.91	9	68.89	14	85.81	10	86.37	8
娄底	83.95	11	85.10	7	86.77	4	73.48	11	88.54	5	83.72	13
湘西州	80.74	12	88.58	4	69.45	14	69.85	13	81.65	13	85.48	11
怀化	79.42	13	72.93	14	78.65	11	81.15	8	89.32	3	77.42	14
张家界	79.24	14	73.83	13	75.10	12	70.41	12	87.87	7	85.53	10

（二）湖南省四大区域科技创新能力情况

1. 长株潭地区创新极核示范引领作用显著

从四大区域科技创新主要指标及占比来看（表2-5、2-6），2021年，长沙、株洲、湘潭三市全社会研发（R&D）经费支出544.88亿元，占全省的52.96%，其中基础研究经费支出39.06亿元，占全省的75.64%，较上年度提升5.83个百分点；全社会研发（R&D）人员全时当量11.75万人年，占全省的56.13%；地方财政科技支出111.18亿元，占全省的51.16%。

有效发明专利拥有量达55762件，占全省的79.53%；高价值发明专利拥有量达19550件，占全省的82.72%；技术合同成交额912.59亿元，占全省的72.36%；发表科研论文56884篇，占全省的79.84%。

省级及以上研发平台数为744家，占全省的73.81%；省级及以上创新载体数为261家，占全省的41.63%。

战略性新兴产业增加值为2202.14亿元，占全省的46.35%；高新技术产业增加值为5813.99亿元，占全省的52.88%；科技服务业产业增加值为495.22亿元，占全省的57.57%；高新技术产品出口额为349.50亿元，占全省的69.65%。

拥有高新技术企业、科技型中小企业、省上市后备企业分别为6782家、6007家和298家，分别占全省的61.30%、52.69%和48.77%；企业研发加计扣除减免税额407.67亿元，占全省的69.08%；创新创业大赛获奖数量为89个，占全省的46.60%；创新创业大赛获奖金额为1090万元，占全省的50.46%。

2. 洞庭湖地区综合创新能力不断攀升

从四大区域科技创新主要指标及占比来看（表2-5、2-6），2021年，岳阳、常德、益阳三市全社会研发（R&D）经费支出191.49亿元，占全省的18.61%；全社会研发（R&D）人员全时当量3.16万人年，占全省的15.09%；地方财政科技支出32.33亿元，占全省的14.88%，较上年度提升了0.95个百分点。

有效发明专利拥有量达6404件，占全省的9.13%。高价值发明专利拥有量达1843件，占全省的7.80%；技术合同成交额138.11亿元，占全省的10.95%；省级及以上科技成果奖励当量较上年增长27.42%，增速居全省四大区域首位，高于全省平均增速（14.62%）12.80个百分点；发表科研论文4049篇，较上年增加189篇，较上年增长4.90%，为全省四大区域中唯一正增长的地区。

省级及以上科技园区数为36家，占全省27.48%，较上年增长6家，为增长最多的地区，占全省总增长量（9家）的66.67%；省级及以上研发平台数106家，占全省的10.52%；省级及以上创新载体数为115家，占全省的18.34%。

战略性新兴产业增加值为1021.51亿元，占全省的21.50%；高新技术产业增加值为2163.46亿元，占全省的19.68%；科技服务业产业增加值为154.99亿元，占全省的18.02%；高新技术产品出口额为79.44亿元，占全省的15.83%；省级及以上高新区生产总值占地区生产总值（GDP）的比重为18.85%，超过其他三个区域。

拥有高新技术企业、科技型中小企业、省上市后备企业分别为1515家、1828家和124家，分别占全省的13.69%、16.03%和20.29%；企业研发加计扣除减免税额68.22亿元，占全省的11.56%，较上年增长75.69%，超过其他区域增速水平，高于全省平均增速（54.46%）21.23个百分点；创新创业大赛获奖数量为33个，占全省的17.28%；创新创业大赛获奖金额为400万元，占全省的18.52%。

3. 湘南地区创新效能进一步提高

从四大区域科技创新主要指标及占比来看（表2-5、2-6），2021年，衡阳、郴州、永州三市全社会研发（R&D）经费支出176.23亿元，占全省的17.13%，占比较上年（14.26%）提升2.87个百分点；全社会研发（R&D）人员全时当量3.56万人年，占全省的17.00%，占比较上年（15.27%）提升1.73个百分点；地方财政科技支出35.92亿元，占全省的16.53%，占比较上年（15.50%）提升1.03个百分点。

技术合同成交额 127.09 亿元，占全省的 10.08%，较上年度(5.34%)提升了 4.74 个百分点；较上年增长 223.39%，增速居四大区域首位，高出全省平均增速(71.38%)152.01 个百分点。

省级及以上研发平台数为 89 家，省级及以上创新载体数为 99 家，较上年分别增加 10 家和 19 家，增量仅次于长株潭地区，较上年分别增长 12.66%、23.75%，增速居四大区域首位，是全省平均增速(6.43%、11.76%)的 2 倍；省级及以上高新区生产总值占地区生产总值(GDP)的比重为 15.87%，高于全省平均水平(13.91%)1.96 个百分点。

拥有高新技术企业 1378 家，较上年增长 40.76%，增速居全省四大区域之首，高出全省平均增速(28.18%)12.58 个百分点；科技型中小企业、省上市后备企业分别有 1623 家、90 家，较上年分别增长 58.81%、11.11%，增速仅次于长株潭地区，略高于全省平均水平；规模以上工业企业有研发(R&D)活动的单位占比 57.57%，较上年(49.69%)提升 7.88 个百分点，高于全省平均水平(51.81%)5.76 个百分点。

创新创业大赛获奖数量为 37 个，占全省的 19.37%，其中省级创新创业大赛、国家级创新创业大赛分别获奖 31 个和 6 个，均超过洞庭湖地区、大湘西地区。

4. 大湘西地区创新发展潜力逐步显现

从四大区域科技创新主要指标及占比来看(表 2-5、2-6)，2021 年，邵阳、张家界、怀化、娄底、湘西州五市(州)全社会研发(R&D)经费支出较上年增长 18.28%，高于全省平均增速(14.49%)3.79 个百分点；全社会研发(R&D)经费支出占地区生产总值(GDP)的比重较上年增长 0.13 个百分点，高于全省平均增速(3.85%)5.04 个百分点；高校研发(R&D)经费内部支出较上年增长 33.62%，高于全省平均增速(17.63%)15.99 个百分点。

有效发明专利拥有量较上年增长 28.77%，增速超过其他地区，高于全省平均增速(24.57%)4.2 个百分点；技术合同成交额较上年增长 179.35%，高于全省平均增速(71.38%)107.97 个百分点。

省级及以上科技园区数为 38 家，占全省 29.01%，占比高于其他三个区域；省级及以上创新载体数为 152 家，占全省的 24.24%，超过洞庭湖地区和湘南地区；省级及以上创新载体近三年平均增速 20.44%，高于全省平均增速(18.90%)1.54 个百分点。

战略性新兴产业增加值占地区生产总值(GDP)的比重为 9.43%，较上年增长 1.01 个百分点，高于全省平均增量(0.28 个百分点)0.73 个百分点；高新技术产业增加值占地区生产总值(GDP)的比重为 18.09%，较上年增长 1.39 个百分点，增量居四大区域首位，高于全省平均增量(0.41 个百分点)0.98 个百分点；省级及以上高新区技工贸总收入、生产总值、高新技术产业主营业务收入增速分别为 29.84%、29.85% 和 38.10%，超过其他三个地区增速水平，分别高于全省平均增速(15.79%、14.28%、20.25%)14.05 个百分点、15.57 个百分点和 17.85 个百分点；省级及以上高新区高新技术产业主营业务收入占技工贸总收入的比重为 63.76%，居全省四大区域首位，超过全省平均水平(57.22%)6.54 个百分点。

规模以上工业企业研发(R&D)经费内部支出、规模以上工业企业营业收入分别较上年增长 18.32%、21.38%，高于全省平均增速(15.29%、11.55%)3.03 个百分点和 9.83 个百分点。企业研发加计扣除减免税额较上年增长 63.33%，增速在四大区域中居第 2，高于全省平均增速(54.46%)8.87 个百分点。

表 2-5　2021 年全省四大区域板块科技创新主要指标情况

指标名称	单位	数值				
		全省	长株潭	洞庭湖	湘南	大湘西
全社会研发(R&D)经费支出	亿元	1028.90	544.88	191.49	176.23	116.30
全社会研发(R&D)人员全时当量	人年	209328.10	117492.70	31582.50	35581.10	24671.80
基础研究经费支出	亿元	51.64	39.06	3.51	6.88	2.19
地方财政科技支出*	亿元	217.30	111.18	32.33	35.92	24.60
有效发明专利拥有量*	件	70114	55762	6404	4654	3290
高价值发明专利拥有量	件	23633	19550	1843	1421	819
技术合同成交额	亿元	1261.26	912.59	138.11	127.09	83.47
省级及以上科技成果奖励当量	项	25	21.46	1.18	1.47	0.89
发表科研论文	篇	71244	56884	4049	6580	3731
省级及以上科技园区数量	家	131	29	36	28	38
省级及以上研发平台数量	家	1008	744	106	89	69
省级及以上创新载体数量	个	627	261	115	99	152
战略性新兴产业增加值	亿元	4750.62	2202.14	1021.51	821.76	705.21
高新技术产业增加值	亿元	10994.57	5813.99	2163.46	1664.20	1352.92
科技服务业产业增加值**	亿元	860.22	495.22	154.99	140.59	71.81
高新技术产品出口额	亿元	501.83	349.50	79.44	67.24	5.65
高新技术企业数量	家	11063	6782	1515	1378	1388
科技型中小企业数量	家	11401	6007	1828	1623	1943
省上市后备企业数量	家	611	298	124	90	99

续表2-5

指标名称	单位	数值				
		全省	长株潭	洞庭湖	湘南	大湘西
企业研发加计扣除减免税额	亿元	590.13	407.67	68.22	58.91	55.32
创新创业大赛获奖数量	个	191	89	33	37	32
创新创业大赛获奖金额	万元	2160	1090	400	370	300

*：地方财政科技支出、有效发明专利拥有量四大区域之和不等于全省指标值。

**：数据来源于统计部门，存在跨地区生产经营活动核算重复的情况。

表 2-6 2021 年全省四大区域板块科技创新主要指标占比情况

指标名称	各区域占全省比重/%			
	长株潭	洞庭湖	湘南	大湘西
全社会研发(R&D)经费支出	52.96	18.61	17.13	11.30
全社会研发(R&D)人员全时当量	56.13	15.09	17.00	11.79
基础研究经费支出	75.64	6.79	13.32	4.24
地方财政科技支出*	51.16	14.88	16.53	11.32
有效发明专利拥有量	79.53	9.13	6.64	4.69
高价值发明专利拥有量	82.72	7.80	6.01	3.47
技术合同成交额	72.36	10.95	10.08	6.62
省级及以上科技成果奖励当量	85.88	4.71	5.86	3.54
发表科研论文	79.84	5.68	9.24	5.24
省级及以上科技园区数量	22.14	27.48	21.37	29.01
省级及以上研发平台数量	73.81	10.52	8.83	6.85
省级及以上创新载体数量	41.63	18.34	15.79	24.24
战略性新兴产业增加值	46.35	21.50	17.30	14.84
高新技术产业增加值	52.88	19.68	15.14	12.31
科技服务业产业增加值	57.57	18.02	16.34	8.35
高新技术产品出口额	69.65	15.83	13.40	1.13
高新技术企业数量	61.30	13.69	12.46	12.55
科技型中小企业数量	52.69	16.03	14.24	17.04

续表2-6

指标名称	各区域占全省比重/%			
	长株潭	洞庭湖	湘南	大湘西
省上市后备企业数量	48.77	20.29	14.73	16.20
企业研发加计扣除减免税额	69.08	11.56	9.98	9.38
创新创业大赛获奖数量	46.60	17.28	19.37	16.75
创新创业大赛获奖金额	50.46	18.52	17.13	13.89

*：四大区域地方财政科技支出占比之和不等于1。

二、科技创新供给力

（一）科技创新供给力发展情况

科技创新供给力是促进地区科技进步的必要条件和基本保障，报告中科技创新供给力包括全社会研发（R&D）经费投入、全社会研发（R&D）人员投入、基础研究经费投入、地方财政科技投入4个二级指标，并从实力、效力两个维度综合分析各指标的总量、占比、增速和增量情况，以此来综合评价各地区科技创新发展的经费和人力投入情况，反映各地区科技创新动力水平。

1.研发（R&D）经费投入持续增长，政策配套激励作用显著

随着湖南省经济发展进入转型升级新阶段，科技创新对地区经济发展的推动作用日益凸显，研发投入是体现科技创新能力的核心指标。2021年，全省研发（R&D）经费投入首次突破千亿元，达到1028.91亿元，三年年均增长16.05%，延续了"十三五"以来两位数以上的增长态势；研发（R&D）经费投入强度为2.23%，较上年提升0.08个百分点。

从全社会研发（R&D）经费投入总量及增速来看（图2-2），2021年，全省研发（R&D）经费投入总量过100亿元的地区有2个，研发（R&D）经费投入总量未过10亿元的地区有2个。长沙、株洲两个地区研发（R&D）经费投入占全省比重达到45.70%，仍是湖南省研发（R&D）经费投入的主阵地，其中长沙通过实施研发财政奖补配套政策、加强研发费用归集等业务培训，全市研发费用稳步提升，达到367.09亿元。张家界和湘西州的研

发(R&D)经费投入总量未过 10 亿元，分别为 2.16 亿元、6.82 亿元，这 2 个地区占全省研发(R&D)经费投入总量的比重均未超过 1%，分别仅为 0.21%、0.66%。受经济形势的影响，各地区的研发(R&D)经费投入增长呈现不同的趋势，湘潭、衡阳、邵阳、岳阳、郴州、永州、娄底、湘西州 8 个地区研发(R&D)经费投入超过全省平均增速(14.49%)，郴州、邵阳、岳阳 3 个地区研发(R&D)经费投入增长尤为显著，增速均在 50%以上，其中郴州地区实施研发奖补市级财政配套奖补、高新技术申报补助、高新技术企业认定奖励等激励政策，建立重点帮扶指导单位，加大政策引导和科技支持，全力促进研发(R&D)经费投入增长，其增速达到 96.98%，居全省第 1；另外，长沙、株洲、常德、益阳 4 个地区研发(R&D)经费投入增速低于 10%；张家界、怀化 2 个地区研发(R&D)经费投入呈负增长。

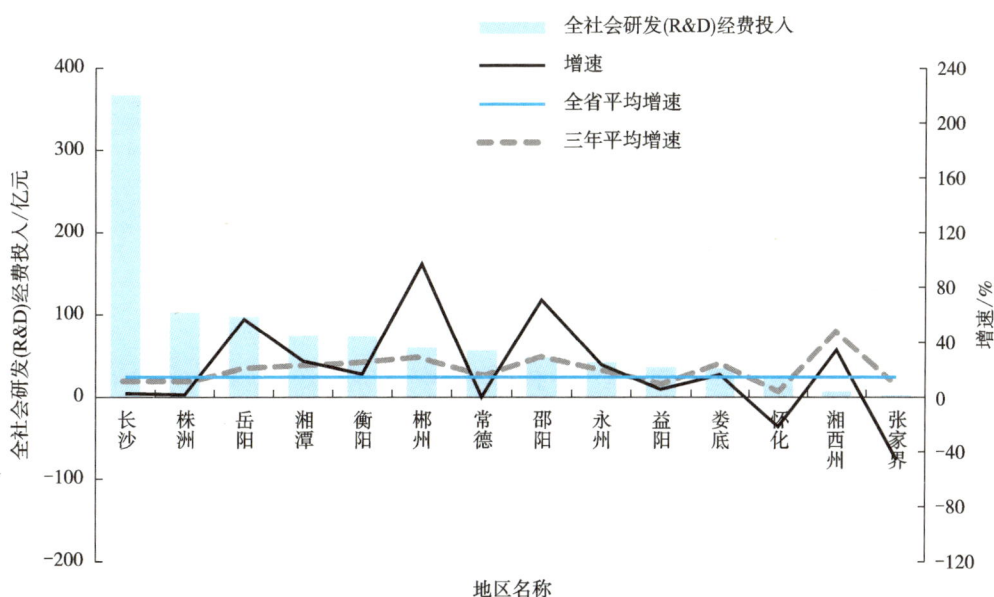

图 2-2 2021 年各地区全社会研发(R&D)经费投入及增速

从全社会研发(R&D)经费投入强度及增量来看(图 2-3)，2021 年，研发(R&D)经费投入强度高于全省平均水平的地区有株洲、湘潭、长沙和岳阳 4 个地区，分别为 3.02%、2.93%、2.77%、2.23%；张家界和湘西州的研发(R&D)经费投入强度不足 1%，分别为 0.37%、0.86%。全省有 8 个地区研发(R&D)经费投入强度呈正增长，且增量超过全省平均增量(0.08 个百分点)，其中郴州、邵阳和岳阳 3 个地区提升幅度较为明显，分别提升 0.95 个百分点、0.70 个百分点、0.66 个百分点，远高于全省平均增量。长沙、株洲、常德、张家界、益阳、怀化 6 个地区的研发(R&D)经费投入强度呈现负增长，其中怀化、张家界下降幅度较为明显，分别下降了 0.52、0.34 个百分点。

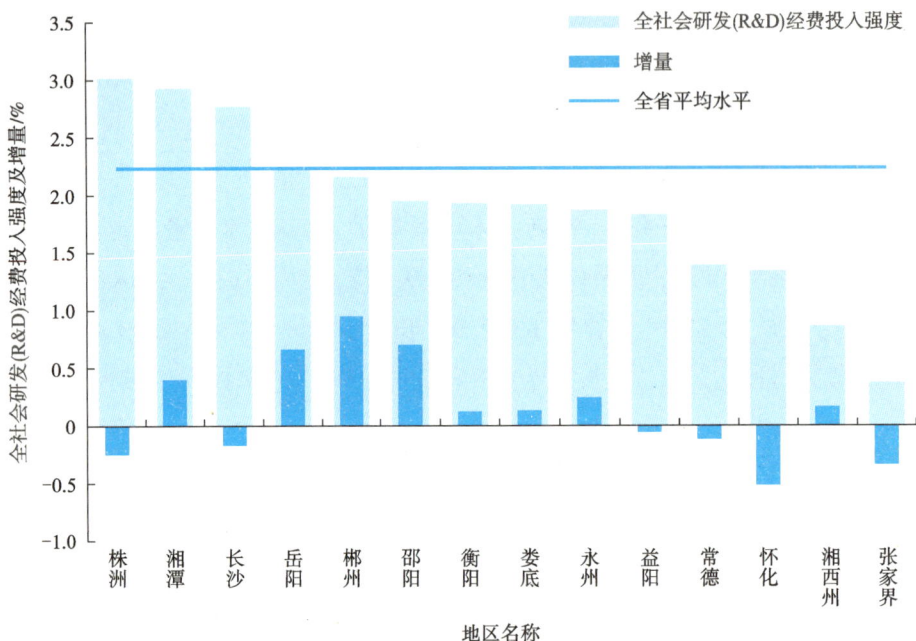

图2-3　2021年各地区全社会研发(R&D)经费投入强度及增量

2. 研发(R&D)人员队伍不断壮大，科技战略力量稳步增强

人是科技创新最关键的因素，着力造就拔尖创新人才，加大科技人才的培养和投入，体现了地区科技创新在硬实力、软实力的水平。2021年，全省研发(R&D)人员全时当量为20.93万人年，较上年增长17.89%，三年平均增速达到12.52%；每万人研发(R&D)人员全时当量为31.61人年，较上年提升4.89人年。

从研发(R&D)人员全时当量及增速来看(图2-4)，2021年，在全省各地区中，长沙研发(R&D)人员全时当量为8.18万人年，位居全省第1，占全省研发(R&D)人员全时当量的39.10%；株洲、湘潭、衡阳、岳阳、郴州5个地区的研发(R&D)人员全时当量分别位列全省第2~6，但均在2万人年以下；张家界地区的研发(R&D)人员全时当量仅为0.06万人年，研发人员规模明显不足。研发(R&D)人员全时当量增速方面，岳阳、邵阳、郴州、株洲和永州5个地区增速超过全省平均增速(17.89%)，其中岳阳、邵阳和郴州的增速超过70%，尤其岳阳出台"人才新政45条"，设立人才发展专项资金和"岳阳人才日"等政策吸引科技创新人才，研发人员队伍快速扩大。张家界和怀化地区的研发(R&D)人员全时当量呈负增长，尤其是张家界下降了29.36%，下降幅度全省最大。

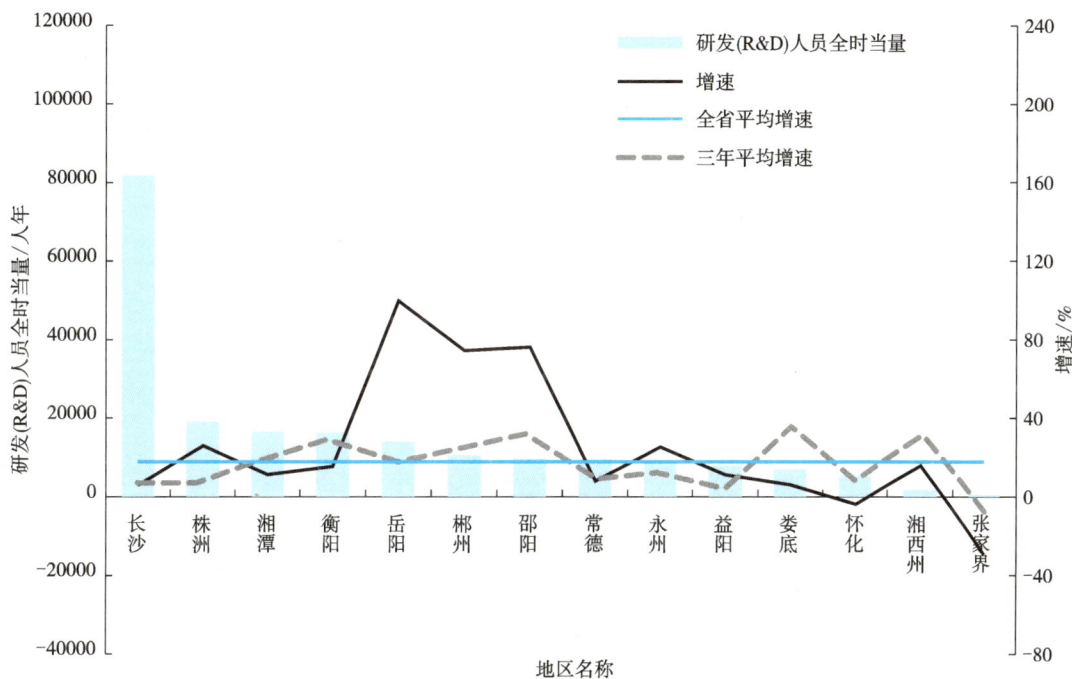

图 2-4　2021 年各地区研发（R&D）人员全时当量及增速

从每万人研发（R&D）人员全时当量及增量来看（图 2-5），2021 年，全省各地区中长沙、湘潭和株洲 3 个地区每万人研发（R&D）人员全时当量超过全省平均水平（31.61 人年/万人），其中长沙每万人研发（R&D）人员全时当量达到 79.85 人年/万人，是全省平均水平的 2.52 倍，居全省第 1。每万人研发（R&D）人员全时当量增量方面，全省每万人研发（R&D）人员全时当量提升 4.89 人年，各地区中共有 12 个地区该指标较上年有所提升，其中岳阳、株洲、郴州、邵阳、湘潭 5 个地区提升幅度超过全省平均水平，其中岳阳、株洲较上年分别提升 14.00 人年、10.38 人年，居全省前 2。另外，张家界和怀化 2 个地区每万人研发（R&D）人员全时当量较上年有所下降。

3. 基础研究投入明显提升，原始创新能力存在地域差异

加强基础研究，是实现高水平科技自立自强、推动构建新发展格局、实现高质量发展的迫切要求，是建设科技强国、科技强省的必由之路。"十四五"期间我省高度重视基础研究，积极建设"四大实验室""四大科技基础设施"，全省基础研究投入有了较快提升。2021 年，全省基础研究经费为 51.64 亿元，较上年增长 49.78%；基础研究经费占全社会研发（R&D）经费的比重为 5.02%，较上年提升 1.18 个百分点。

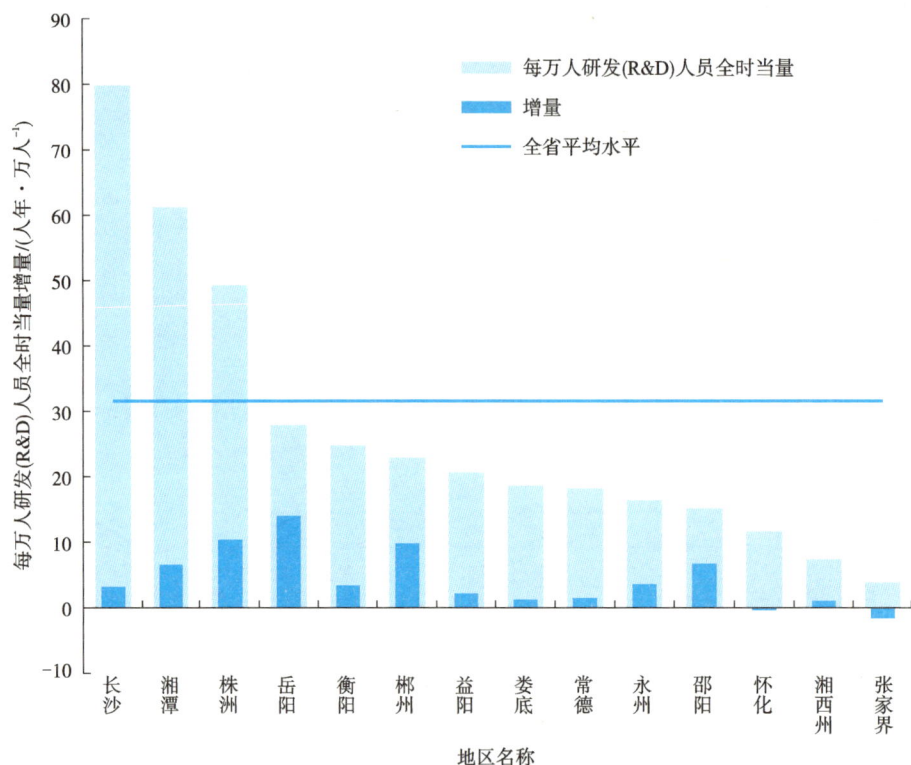

图 2-5　2021 年各地区每万人研发（R&D）人员全时当量及增量

从基础研究经费支出及增速来看（图 2-6），2021 年，全省 90% 以上的基础研究经费集中在长沙、株洲、衡阳、湘潭和岳阳 5 个地区，基础研究经费提升较为明显。高校和科研院所是基础研究的主体，长株潭、衡阳、岳阳这些地区集聚了科研实力较强的高校和科研院所，基础研究能力均超过 2 亿元，尤其是长沙培育和引进一批"事业型"或"民办非企业型"科研机构，高校研发活动活跃，其基础研究占全省基础研究经费比重达到 54.43%，成为全省基础研究主阵地；其他 9 个地区基础研究经费支出均低于 1 亿元。基础研究经费支出增速方面，株洲和湘潭 2 个地区的增速远高出全省平均水平。另外，张家界、永州和邵阳 3 个地区的基础研究经费支出呈现负增长。

从基础研究经费占比及增量来看（图 2-7），2021 年，全省各地区中有 5 个地区基础研究经费占比高出全省平均水平，分别为湘西州、衡阳、长沙、株洲和湘潭，其基础研究经费占比分别为 9.60%、8.14%、7.66%、6.65% 和 5.48%；另外，邵阳、郴州、娄底 3 个地区基础研究经费占比仍低于 1%。基础研究经费占比增量方面，有 9 个地区的基础研究经费占比较上年有所提升，其中株洲提升 5.93 个百分点，提升幅度全省最大；湘西州、衡阳、益阳、娄底和常德的提升低于 1 个百分点，提升幅度较小；另外，邵阳、岳阳、张家界、郴

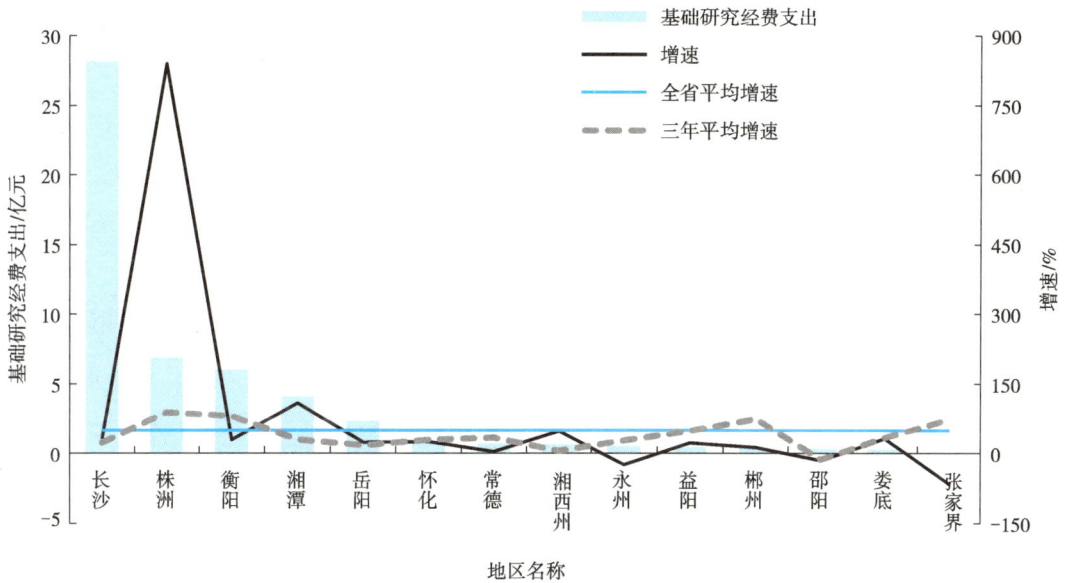

图 2-6　2021 年各地区基础研究经费支出及增速

州、永州 5 个地区基础研究经费占比较上年有所下降。基础研究的开展主要依赖于科教资源的丰富程度，全省高校和科研院所的分布存在一定地域差异，各地区基础研究投入水平也呈现出显著差异。

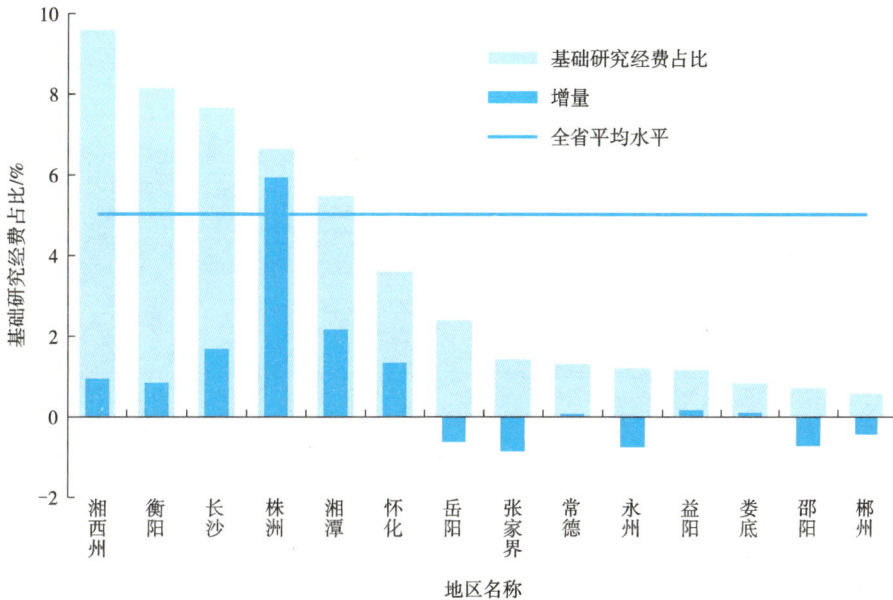

图 2-7　2021 年各地区基础研究经费占比及增量

4. 地方财政科技投入增长乏力，引导支持作用有待提升

有效发挥财政科技投入对科技创新发展的支撑作用，需要进一步优化财政科技投入方式，构建立足职能定位的有效引领模式，激发科技创新主体的内在潜能。2021年，全省地方财政科技支出为217.30亿元，较上年减少1.52%；地方财政科技支出占比为2.61%，较上年下降0.02个百分点，财政科技投入增长呈现一定程度的乏力。

从地方财政科技支出及增速来看（图2-8），2021年，全省各地区中长沙地方财政科技支出为68.79亿元，占全省地方财政科技支出的31.66%，成为全省财政科技投入的主力；其次是株洲，地方财政科技支出为29.14亿元，岳阳、湘潭等5个地区地方财政科技支出在10亿~20亿元之间，其他7个地区地方财政科技支出均不足10亿元。全省各地区地方财政科技支出呈现一定幅度波动，有8个地区地方财政科技支出较上年呈负增长，其中怀化、湘潭、娄底3个地区的下降幅度超过20%，株洲的下降幅度也达到19.94%，下降幅度较为明显。在地方财政科技支出较上年有所提升的其他6个地区中，长沙、永州、湘西州、岳阳增长较快，增速分别达到24.06%、18.17%、16.60%和13.95%。

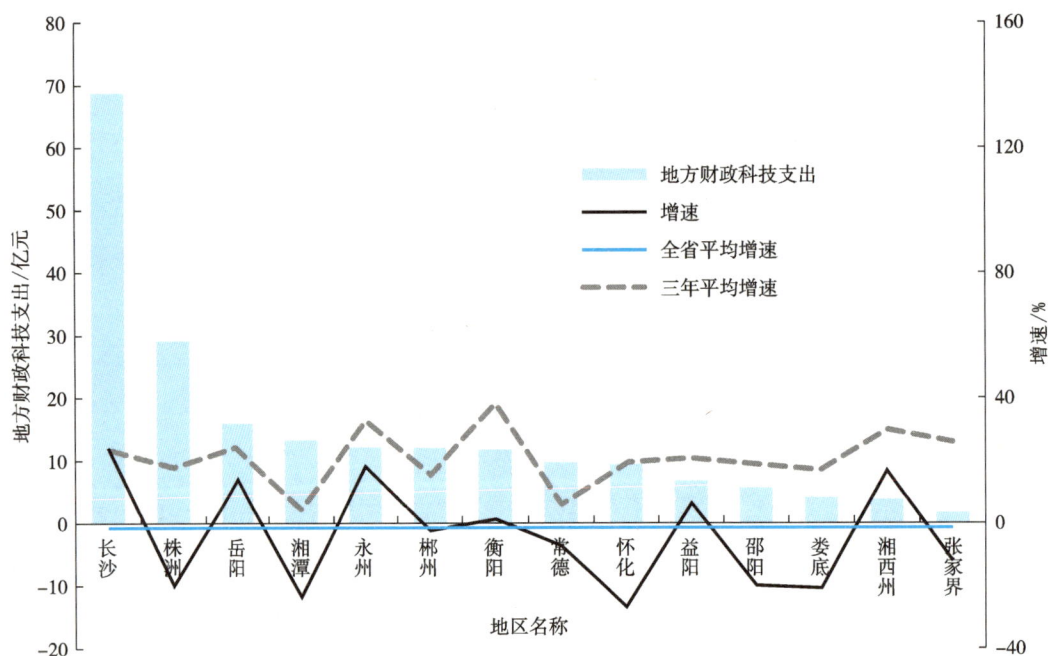

图2-8 2021年各地区地方财政科技支出及增速

从地方财政科技支出占比及增量来看（图2-9），2021年，全省各地区中有4个地区地

方财政科技支出占比超过全省平均水平(2.61%)，分别是株洲、湘潭、长沙、岳阳，占比分别为5.98%、4.84%、4.46%、2.97%；另外，邵阳和张家界地方财政科技支出占比不到1%。地方财政科技支出占比增量方面，有6个地区较上年有所提升，但提升幅度均不大，其中长沙提升了0.77个百分点，是全省提升幅度最大的地区，其他5个地区提升幅度均在0.5个百分点以下；有8个地区较上年有所下降，且下降幅度均大于全省平均下降幅度，株洲下降了1.77个百分点，是全省下降幅度最大的地区，地方财政资金用于科技创新和研发投入的引导和支持力度有所下降。

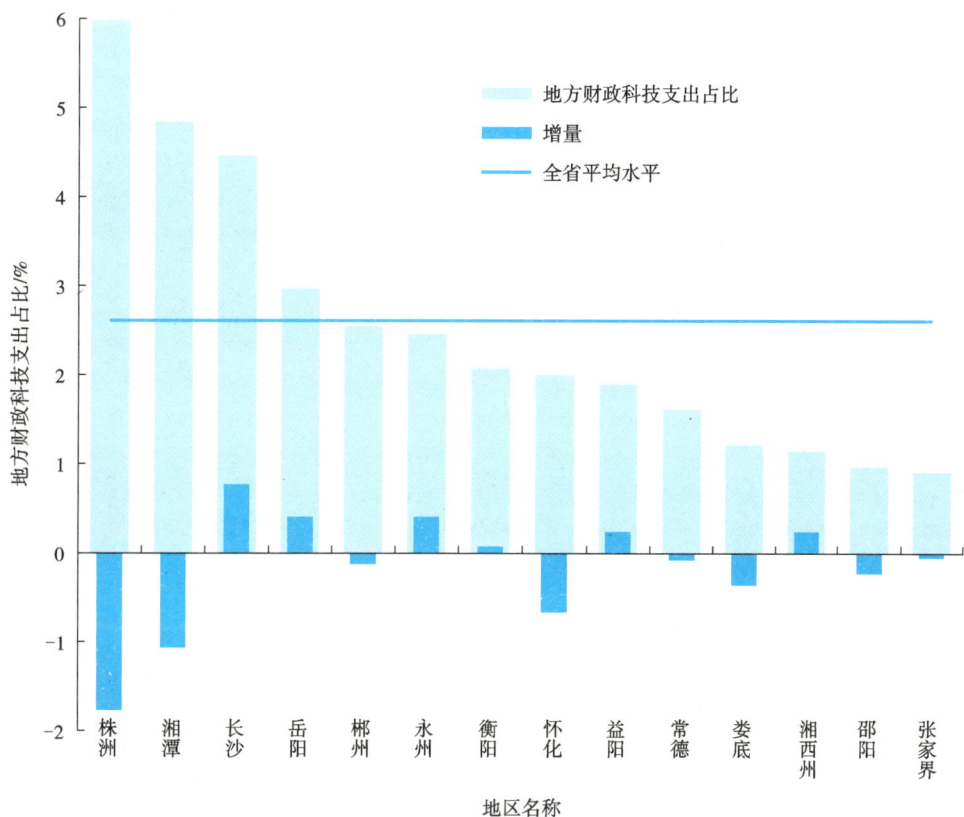

图2-9 2021年各地区地方财政科技支出占比及增量

（二）科技创新供给力评价结果

如表2-7所示，各地区科技创新供给力平均得分为81.64分，其中实力平均得分为80.08分，效力平均得分为83.99分。科技创新供给力得分在80分以上的地区有7家，70~80分的地区有6家，60~70分的地区有1家，排名前三的地区分别是长沙、株洲、湘潭；实力方面排前三的地区是长沙、株洲、湘潭；效力方面排前三的地区是郴州、岳阳、衡阳。

表2-7　科技创新供给力评价得分及排名

地区	科技创新供给力		实力		效力	
	得分	排名	得分	排名	得分	排名
平均得分	81.64	—	80.08	—	83.99	—
长沙	92.77	1	98.07	1	84.83	8
株洲	88.84	2	93.83	2	81.36	11
湘潭	88.11	3	90.90	3	83.93	9
衡阳	87.05	5	85.59	4	89.24	3
邵阳	78.81	10	74.47	12	85.33	6
岳阳	87.20	4	85.24	5	90.15	2
常德	78.27	11	77.06	10	80.09	12
张家界	63.25	14	56.19	14	73.83	13
益阳	79.59	8	77.50	8	82.73	10
郴州	84.50	6	79.94	6	91.34	1
永州	82.07	7	79.21	7	86.35	5
怀化	75.57	13	77.33	9	72.93	14
娄底	78.85	9	74.69	11	85.10	7
湘西州	78.07	12	71.06	13	88.58	4

三、成果产出转化力

(一)成果产出转化力发展情况

成果产出转化力是实现科技为经济服务的关键环节，为地区实现技术创新、经济发展起到了积极作用。本报告中成果产出转化力包括发明专利、高价值专利、技术市场、科研论文和科技成果奖励 5 个二级指标，并从实力、效力两个维度综合分析各指标的总量和占比、增速和增量情况，以此来综合评价各地区创新生态水平、知识产权保护力度、科技创新竞争力、成果转化水平、技术转移转化成效，反映各地区成果产出规模和成果转化的效能。

1. 高质量专利水准不断提升，知识产权创造水平量质齐升

2021 年，湖南省召开知识产权工作会议，开展知识产权促进行动，突出知识产权质量导向，强化知识产权创造、保护、运用，着力推进全省知识产权创造数量、创造质量同步提升。从专利拥有量来看，截至 2021 年末，全省有效发明专利拥有量达 70114 件，较上年增长 24.57%；高价值发明专利拥有量达 23633 件，较上年增长 23.02%。从专利密度来看，每万人有效发明专利拥有量达 10.55 件，较上年增长 2.41 件；每万人高价值发明专利拥有量达 3.56 件，较上年增长 0.78 件。

从有效发明专利拥有量及增速来看（图 2-10），在全省 14 个地区中，有效发明专利拥有量地区间差异显著。2021 年，长沙有效发明专利拥有量为 42619 件，占全省总量的比重超 60%，株洲、湘潭和常德有效发明专利拥有量分别为 8544 件、4599 件和 2664 件，分别位居全省第 2、3、4，前 4 名的地区拥有的有效发明专利拥有量达全省的 80% 以上。有效发明专利拥有量超过 1000 件的地区还有衡阳（2519 件）、岳阳（2112 件）、益阳（1628 件）和郴州（1213 件）。从有效发明专利拥有量增速来看，怀化和邵阳增速较快，分别以 44.04% 和 36.83% 的增速位居全省第 1、2；衡阳、长沙、常德增速分别为 29.38%、26.76%、26.32%，分别位居全省第 3、4、5；全省其他地区有效发明专利拥有量增速小于全省平均水平（24.57%），其中郴州、张家界增速低于 10%，分别为 8.30% 和 4.88%。全省有效发明专利拥有量三年平均增速超过 20% 的地区共有 4 个，分别为怀化（32.50%）、邵阳（29.83%）、常德（24.42%）和长沙（21.12%）；除岳阳、湘西州外，其他地区三年平均增速均超过 10%。

从每万人有效发明专利拥有量及增量来看（图 2-11），2021 年，长沙、株洲和湘潭每万人拥有发明专利拥有量超过全省平均水平（10.55 件/万人），排名前三位，分别为 42.36 件/万人、21.89 件/万人和 16.87 件/万人；其余 11 个地区与长株潭三市水平有较大差距。从每万人有效发明专利拥有量增量来看，全省各地区均较上年有不同程度的提升，其中株洲较上年提升 4.34 件/万人，湘潭和长沙较上年分别提升 3.50 件/万人和 2.31 件/万人，增量分别居全省第 1、2、3；提升幅度较大地区还有常德、益阳、衡阳。

从高价值发明专利拥有量及增速来看（图 2-12），2021 年，长沙高价值发明专利拥有量达 14931 件，较上年增加 3233 件；株洲和湘潭分别为 3253 件和 1366 件，排名分别居全省第 2、3，长株潭三市高价值发明专利拥有量共 19550 件，占全省总量的 82.72%；除长株潭三市外，其他 11 个地区均不到 1000 件，其中湘西州、张家界不到 100 件。从高价值发

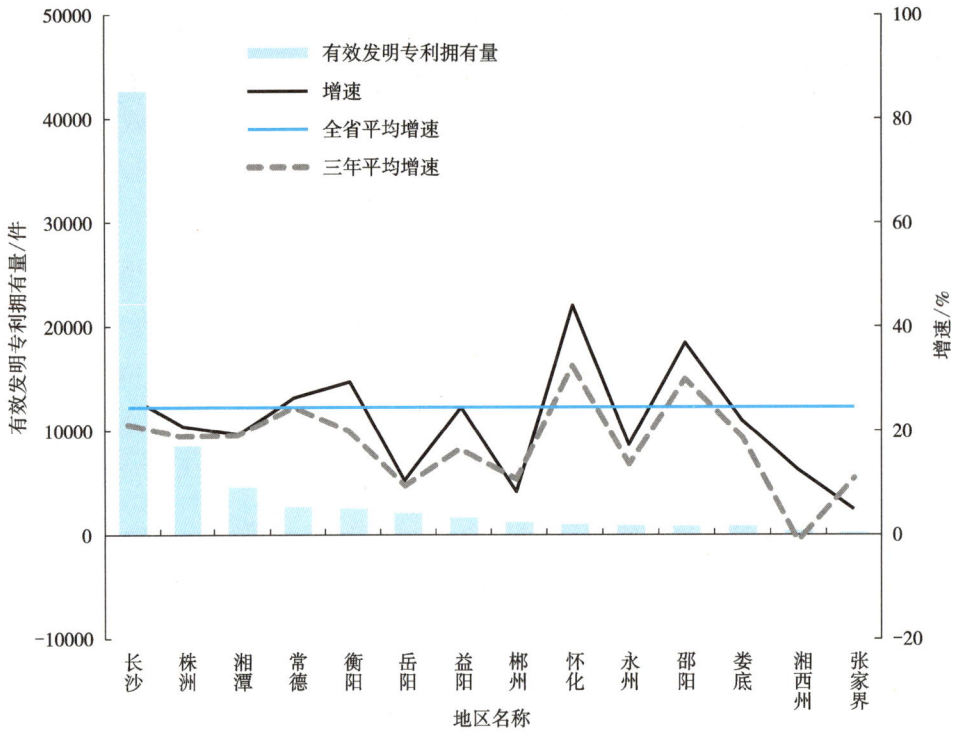

图 2-10 2021年各地区有效发明专利拥有量及增速

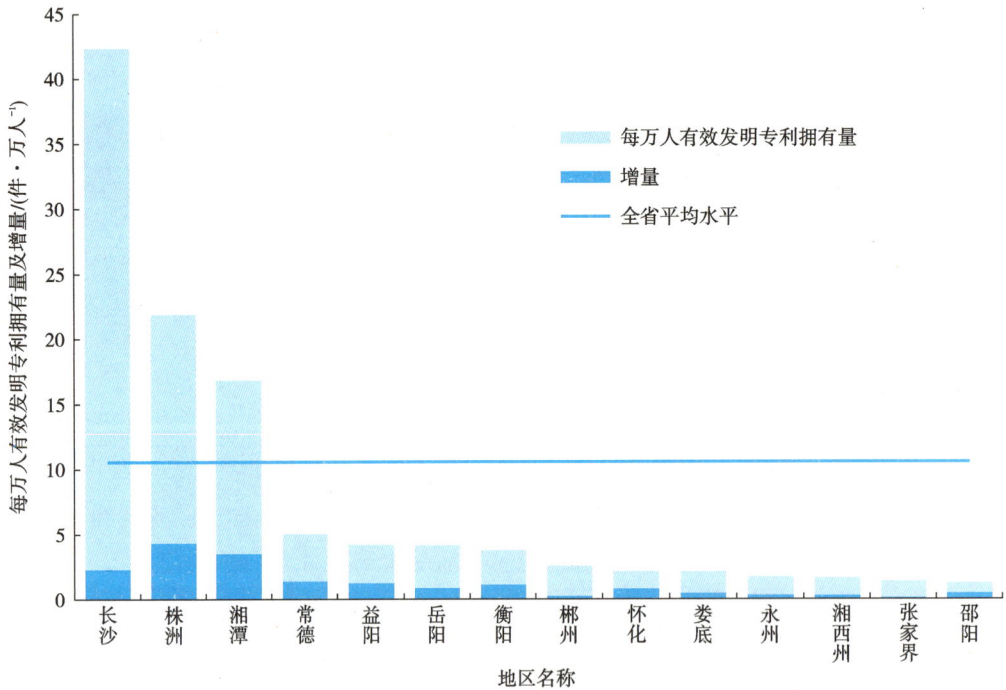

图 2-11 2021年各地区每万人有效发明专利拥有量及增量

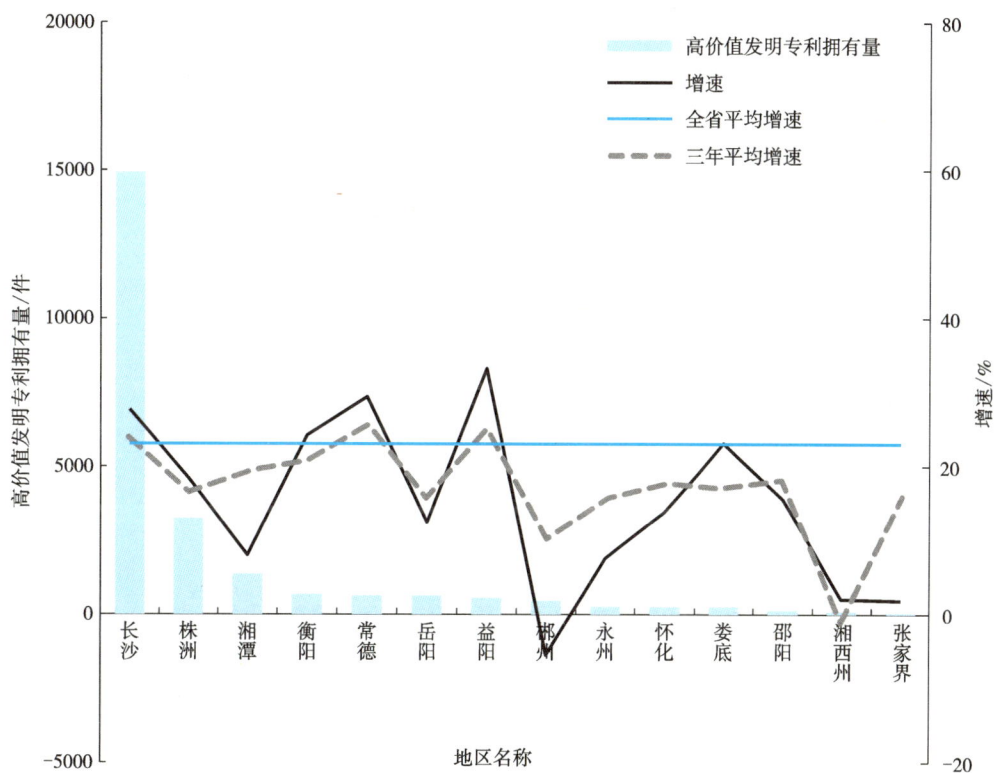

图 2-12　2021 年各地区高价值发明专利拥有量及增速

明专利拥有量增速来看,增速超 20% 的地区有 5 个地区,分别为益阳(33.25%)、常德
(29.38%)、长沙(27.64%)、衡阳(24.18%)和娄底(23.11%);湘潭、永州、湘西州、张家
界和郴州增速不到 10%,其中郴州为负增长,较上年下降 5.45%。从高价值发明专利拥有
量三年平均增速来看,共有 4 个地区三年平均增速超 20%,分别为常德(25.54%)、益阳
(24.90%)、长沙(23.53%)和衡阳(20.85%);郴州、湘西州 2 个地区三年平均增速低于
10%,其中湘西州为负增长,三年平均增速为 -0.99%。

从每万人高价值发明专利拥有量及增量来看(图 2-13),2021 年,长沙每万人高价值
发明专利拥有量达 14.84 件/万人,居全省第 1,每万人高价值发明专利拥有量超过平均水
平(3.56 件/万人)的地区还有株洲(8.33 件/万人)和湘潭(5.01 件/万人),其余各地区均
未超过 2 件/万人。从每万人高价值发明专利拥有量增量来看,株洲居全省第 1,较上年增
长 1.52 件/万人,长沙较上年增长 0.91 件/万人,居全省第 2;除郴州较上年略有下降之
外,全省各地区每万人高价值发明专利拥有量均较上年有所增加。

41

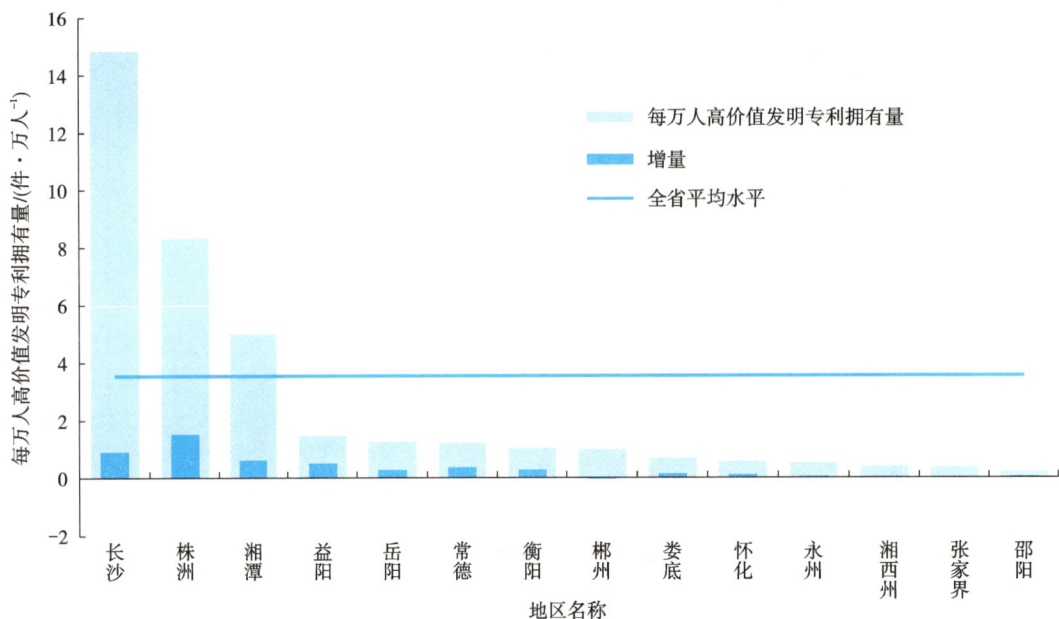

图 2-13　2021 年各地区每万人高价值发明专利拥有量及增量

2. 技术市场发展快速，市场配置科技资源作用进一步发挥

技术合同成交额是衡量一个地区科技成果转化能力的重要指标，是体现科技进步水平的标志性指标。2021 年，全省技术合同成交额达 1261.26 亿元，较上年增长 71.38%。技术合同成交额占地区生产总值（GDP）的比重达 2.74%，较上年提升了近 1 个百分点。全省技术交易市场活跃、技术要素市场的流动性、活跃度及创新资源配置效率不断提高。

从技术合同成交额及增速来看（图 2-14），2021 年，长沙技术合同成交额达 541.16 亿元，占全省技术合同成交额总量的 42.91%，技术合同成交额超 100 亿元的地区还有株洲和湘潭，分别为 207.91 亿元和 163.52 亿元，长株潭三市技术合同成交额占全省总量的近四分之三。其余 11 个地区技术合同成交额均未超过 100 亿元，其中湘西州（6.72 亿元）和张家界（5.73 亿元）两地区的技术合同成交额未超过 10 亿元。从技术合同成交额增速来看，增速超 100% 的地区有 8 个，分别为娄底（449.68%）、岳阳（417.95%）、湘西州（347.93%）、永州（254.55%）、衡阳（224.50%）、郴州（198.60%）、邵阳（163.78%）和益阳（109.16%），其余地区技术合同成交额较上年也有大幅度增长。从技术合同成交额三年平均增速来看，全省共有 7 个地区三年平均增速超 100%，分别为永州（169.26%）、娄底（154.50%）、郴州（153.20%）、湘西州（150.16%）、岳阳（139.95%）、张家界（109.23%）和衡阳（100.07%）。

从技术合同成交额占地区生产总值（GDP）的比重及增量来看（图 2-15），2021 年，技

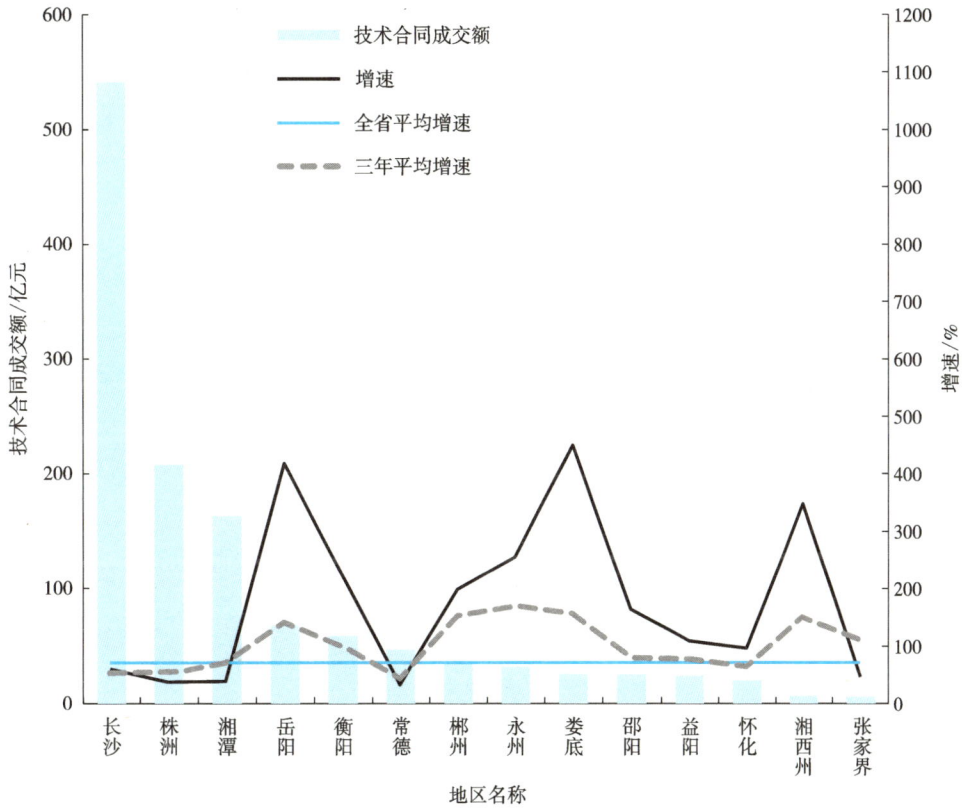

图 2-14　2021 年全省技术合同成交额及增速

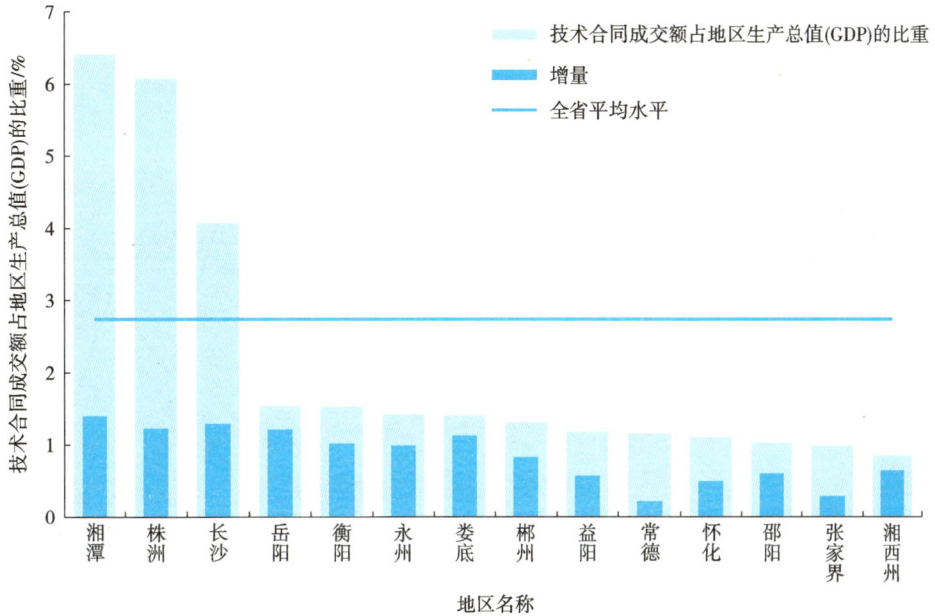

图 2-15　2021 年各地区技术合同成交额占地区生产总值（GDP）的比重及增量

术合同成交额占地区生产总值(GDP)的比重居全省前3的地区为湘潭、株洲和长沙,分别为6.42%、6.08%和4.08%,其他地区占比均未超过全省平均水平(2.74%)。从技术合同成交额占地区生产总值(GDP)的比重的增量来看,7个地区的增量超全省平均水平,分别为湘潭、长沙、株洲、岳阳、娄底、衡阳和永州,其中湘潭居全省第1,较上年增加1.39个百分点。

3.科研论文规模和密度有所下降,区域科研产出水平不均衡

科研论文是衡量地区学术研究产出的重要指标,体现了一个地区科学研究的质量水平。2021年,全省发表科研论文71244篇,较上年减少2230篇;每万研发人员发表科研论文数为2185.08篇,较上年减少537.11篇。全省发表科研论文数较上年略有下降(-3.04%),全省每万研发人员发表科研论文数较上年下降明显。

从发表科研论文数及增速来看(图2-16),2021年,长沙发表科研论文47774篇,占全

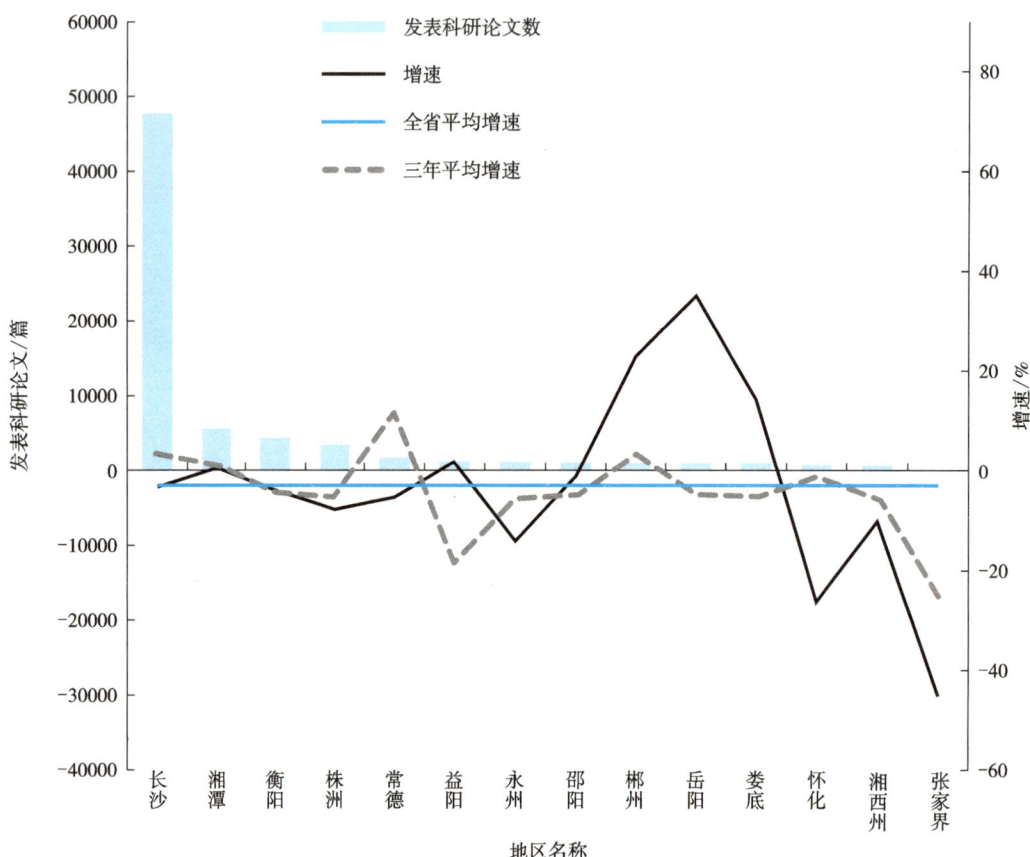

图2-16 2021年各地区发表科研论文数及增速

省科研论文总量的比重达三分之二以上，湘潭、衡阳和株洲分别发表 5627 篇、4370 篇和
3483 篇，分别位居全省前 4；其余各地区科研论文数低于 2000 篇，其中张家界地区科研论
文数低于 100 篇。从科研论文的增速来看，岳阳、郴州、娄底、益阳和湘潭较上年正增长，
其中岳阳市科研论文较上年增长 35.03％，增速居全省第 1；郴州和娄底增速分别为
22.93％和 14.25％，分别居全省第 2、3，益阳和湘潭较上年有小幅增长；其余 9 个地区科研
论文增速为负。全省科研论文三年平均增速为正的地区共有 4 个，分别为常德（11.44％）、
长沙（3.28％）、郴州（3.21％）和湘潭（0.99％），其余 10 个地区科研论文数量三年平均增
速为负。

从每万研发（R&D）人员发表科研论文数及增量来看（图 2-17），2021 年，仅长沙和湘
西州每万研发人员发表科研论文数超过全省平均水平，分别为 3791.23 篇、2242.57 篇，湘
潭以每万研发人员发表 2090.66 篇科研论文位居第 3，超过 1000 篇的地区还有衡阳（1799.
69 篇）、株洲（1177.64 篇）和常德（1087.37 篇）。从每万研发人员发表科研论文数增量来
看，仅娄底呈现增长态势，增长 48.46 篇/万人，全省其余 13 个地区每万研发人员发表科
研论文数较上年有所下降，湘西州与邵阳降幅超过 500 篇/万人。

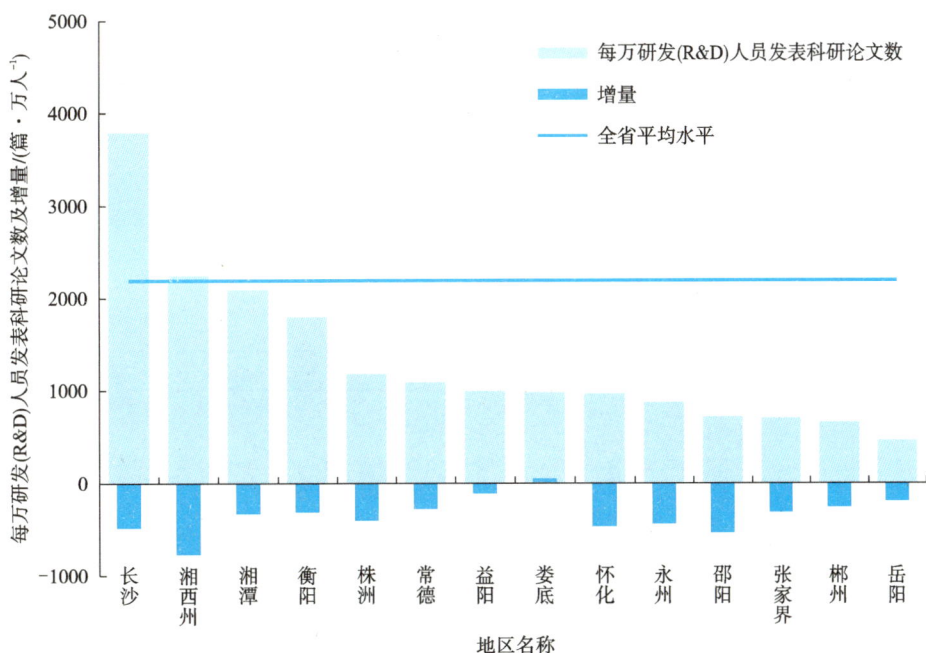

图 2-17　2021 年各地区每万研发（R&D）人员发表科研论文数及增量

4.科技成果奖励增势良好，奖励密度略有回落

科技成果奖励体现地区对促进科学技术进步、激发创新热情等方面的引导激励水平。2021年，全省省级及以上科研成果奖励当量为24.99项，较上年提升3.18项，增幅显著；从奖励密度来看，每万研发人员中省级及以上科技成果奖励当量为0.77项，较上年下降0.04项，奖励密度较上年有所下降。

从省级及以上科研成果奖励当量及增量来看（图2-18），2021年，长沙拥有省级及以上科研成果奖励当量为17.00项，超过全省总量的三分之二；其次为湘潭和株洲，奖励当量分别为2.47项和2.00项，均超过全省平均水平，占全省总量的比重分别为9.88%和8.00%；其余市州的奖励当量均低于0.7项。除怀化和湘西州外，各市州奖励当量均较上年有不同程度增加，其中长沙较上年增加2.15项，增量居全省第1；增量较上年超过0.1项的地区还有湘潭（0.45项）、娄底（0.29项）、郴州（0.15项）、常德（0.12项）和邵阳（0.10项）。

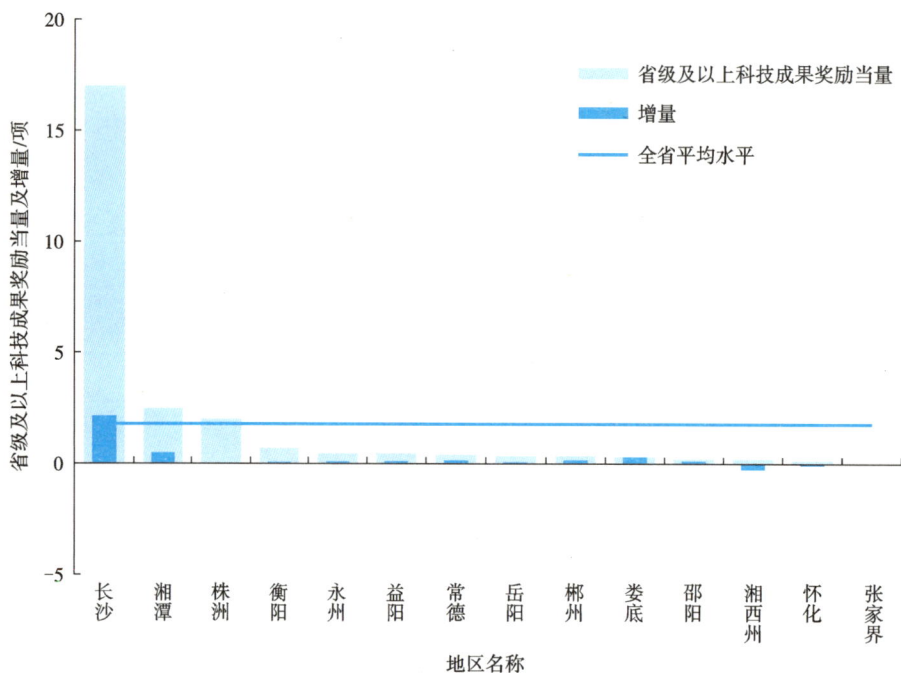

图2-18 2021年各地区省级及以上科技成果奖励当量及增量

从每万研发人员中省级及以上科技成果奖励当量及增量来看（图2-19），2021年，长沙、湘潭两个地区每万研发人员中省级及以上科技成果奖励当量超过全省平均水平，分别为1.35项/万人和0.92项/万人，除株洲（0.68项/万人）和湘西州（0.63项/万人）外，其

余地区每万研发人员中省级及以上科技成果奖励当量均未超过 0.4 项/万人。每万研发人员中省级及以上科技成果奖励当量增量排名前 3 的地区有张家界(0.34 项/万人)、娄底(0.29 项/万人)和长沙(0.06 项/万人);此外,还有湘潭、常德、益阳、郴州和邵阳较上年有不同幅度的提升,较上年有所下降的地区有衡阳、永州、岳阳、怀化、株洲和湘西州,其中湘西州较上年下降 1.13 项/万人,下降幅度居全省第 1。

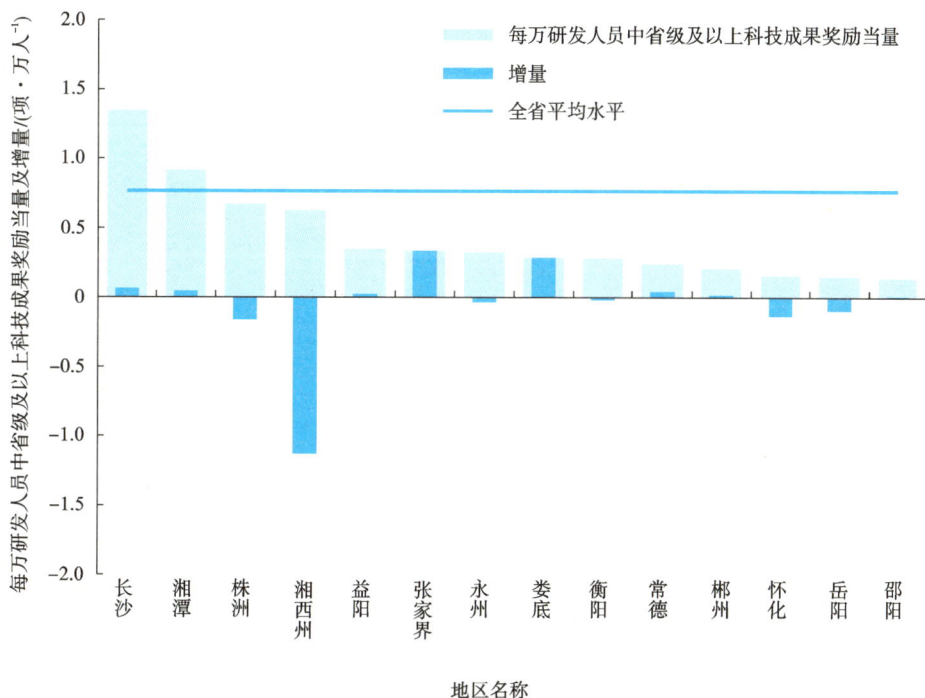

图 2-19　2021 年各地区每万研发人员中省级及以上科技成果奖励当量及增量

(二)成果产出转化力评价结果

如表 2-8 所示,各地区成果产出转化力平均得分 77.92 分,其中实力平均得分 74.75 分,效力平均得分 82.67 分。成果产出转化力得分在 80 分以上的地区有 3 家,70~80 分的地区有 9 家,60~70 分的地区有 2 家,排名前三的地区分别是长沙、株洲、湘潭;实力方面排前三的地区是长沙、株洲、湘潭;效力方面排前三的地区是长沙、湘潭、株洲。

表 2-8　成果产出转化力评价得分及排名

地区	成果产出转化力		实力		效力	
	得分	排名	得分	排名	得分	排名
平均得分	77.92	—	74.75	—	82.67	—
长沙	95.36	1	98.16	1	91.16	1
株洲	90.41	2	90.69	2	90.00	3
湘潭	90.13	3	89.94	3	90.41	2
衡阳	79.48	4	75.35	4	85.68	6
邵阳	72.21	12	66.98	12	80.06	10
岳阳	77.86	5	72.05	7	86.58	5
常德	74.12	10	73.54	5	74.98	13
张家界	65.27	14	58.72	14	75.10	12
益阳	76.88	7	72.88	6	82.88	8
郴州	75.76	9	71.66	8	81.91	9
永州	76.12	8	71.04	9	83.73	7
怀化	72.72	11	68.76	11	78.65	11
娄底	77.25	6	70.90	10	86.77	4
湘西州	67.25	13	65.78	13	69.45	14

四、平台载体驱动力

(一) 平台载体驱动力发展情况

平台载体驱动力是高端创新要素汇聚的引力场、战略科技力量培育的主阵地、科技成果转化应用的重要引擎，是加速创新成果转化、培养创新人才、集聚创新资源的重要抓手，在推进市州经济社会高质量发展中具有独特优势和强大动能。本报告中平台载体驱动力包括园区发展、研发平台与创新载体、园区覆盖率 3 个二级指标，并从实力、效力两个维度综合分析各指标的总量、占比、增速、增量和覆盖率情况，以此来综合评价各地区在园区建设、研发平台及创新载体建设等创新基础资源集聚情况。

1.科技园区成为创新发展的领头雁，助力区域经济高质量发展

科技园区一方面有助于土地资源、物流服务资源、供应商资源等集中化整合利用，促进企业经济、科技等各方面效益的提升；另一方面能够为中小企业的孵化与发展提供良好的平台，有助于区域经济市场的多元化发展[①]。2021年，全省省级及以上科技园区共131个，包括49家高新区、43家农业科技园、39家可持续发展实验区，较上年新增9个，包括5个省级高新区和4个农业科技园区；全省省级以上科技园区占园区比重为59.55%，较上年提升3.59个百分点。

从省级及以上科技园区数量及增量来看（图2-20），2021年，岳阳、长沙、永州、常德、湘潭、邵阳、衡阳和怀化8个地区省级及以上科技园区数量超过10个，居全省前8；除张家界外其他地区均超过5个。2021年，全省共新增9个省级及以上科技园区，分别为岳阳市的华容高新区、岳阳县农科园、临湘市农科园，株洲市的炎陵高新区，衡阳市的白沙绿岛高新区，邵阳市的邵阳县高新区，常德市的石门高新区、安乡县农科园，益阳市资阳区农科园。

从省级及以上科技园区占园区比重及增量来看（图2-21），2021年，在全省14个地区中，岳阳、常德两市的省级及以上科技园区占园区比重排名居全省前两位，均超过80%。湘潭、娄底、张家界、株洲、永州、长沙省级及以上科技园区占园区比重均超60%。2021年，6个地区获批省级及以上科技园区，因此有6个地区省级及以上科技园区占园区比重较上年有所提升；郴州、怀化、湘西州3个市州省级及以上科技园区占比较低，且无新增。

2021年，全省46个[②]高新区全面落实"三高四新"战略定位和使命任务，以创新驱动产业转型升级，全省高新区实现高新技术产业主营业务收入为1.43万亿元，技工贸总收入为2.50万亿元，园区生产总值达到6408.98亿元，以占全省139个省级及以上产业园区（以下简称"园区"）33.09%的数量，完成了全省园区43.77%的技工贸总收入、40.38%的园区生产总值。

从每家省级及以上高新区技工贸总收入及增量来看（图2-22），2021年，全省平均每家省级及以上高新区技工贸总收入为544.43亿元/家，较上年增长29.47亿元/家。全省

---

① 韩啸.科技园区企业管理信息化分析[J].科技经济市场，2018（12）：110-111.
② 2021年省级及以上高新区共计49个，其中开福高新区、望城高新区、白沙绿岛高新区无统计账号，未参与统计。

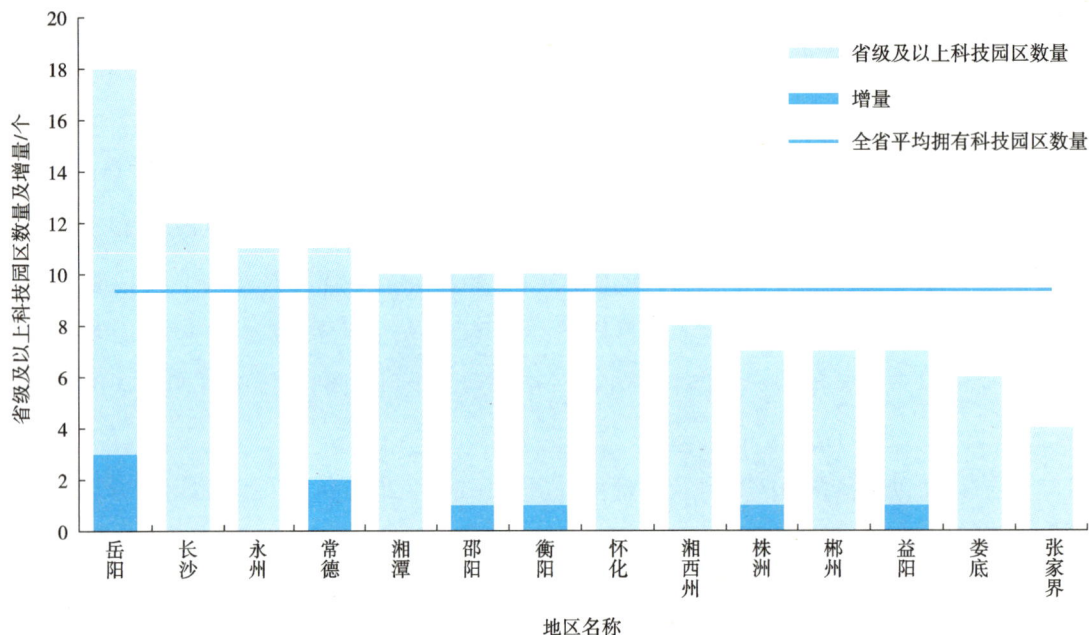

图 2-20　2021 年各地区省级及以上科技园区数量及增量

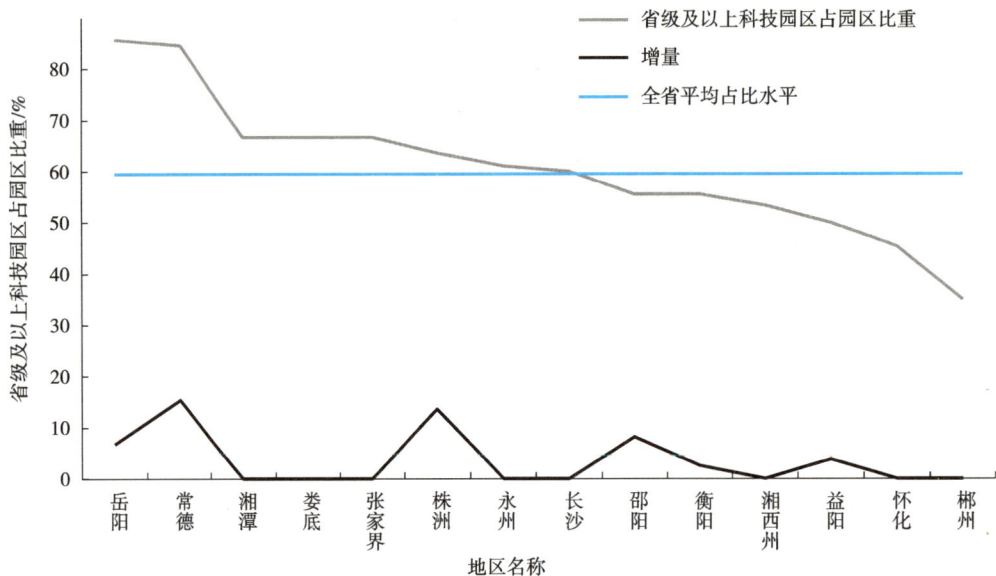

图 2-21　2021 年各地区省级及以上科技园区占园区比重及增量

各地区每家省级及以上高新区技工贸总收入超过平均水平的有 6 个地区，其中长沙、株洲和郴州分别以 1208.96 亿元/家、1094.52 亿元/家和 825.95 亿元/家的均值水平位居全省前3，而张家界仅为37.83亿元/家，排名最末。在政策的持续推动下，各地区每家省级及以上高新区技工贸总收入大体呈正向增长，但株洲、益阳为负向增长，其中株洲市的高新区构成为株洲国家高新区、攸县高新区、炎陵高新区，新增的炎陵高新区技工贸总收入较少，拉低了株洲市平均水平。

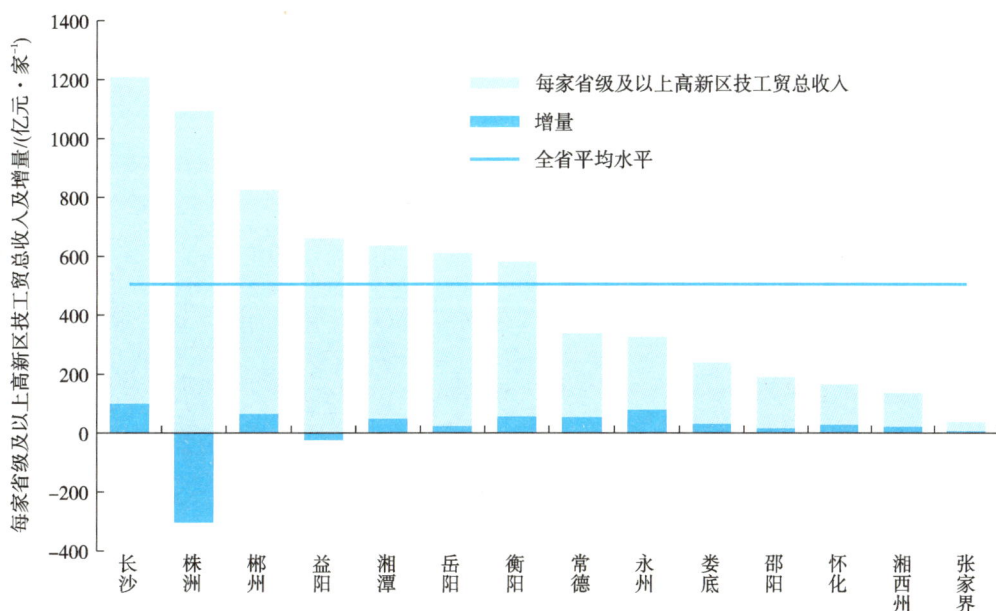

图2-22 2021年各地区每家省级及以上高新区技工贸总收入及增量

从省级及以上高新区生产总值占地区生产总值（GDP）的比重及增量来看（图2-23），2021年，全省各地区省级及以上高新区生产总值占地区生产总值（GDP）的比重超过全省平均水平的有7个，其中岳阳、株洲超过20%，分别为24.19%、23.65%，长沙、怀化、邵阳和张家界占比不到10%。从省级及以上高新区生产总值占地区生产总值（GDP）的比重增量来看，全省有7个地区省级及以上高新区生产总值占比增幅超过全省平均增幅，其中常德提升4.44个百分点，提升幅度较为显著；此外，受疫情等多方因素影响，郴州、益阳、湘潭3个地区省级及以上高新区生产总值占地区生产总值的比重为负增量，分别下降3.79个百分点、2.07个百分点、1.33个百分点。

2. 研发平台与创新载体蓬勃发展，创新高地引领带动作用凸显

研发平台与创新载体是以利用科学技术类资源、创造性人才培养为基础的高新科技产品孵化区，是加快推进科技自立自强，提升地区核心竞争力的重要体现。2021年，全省省

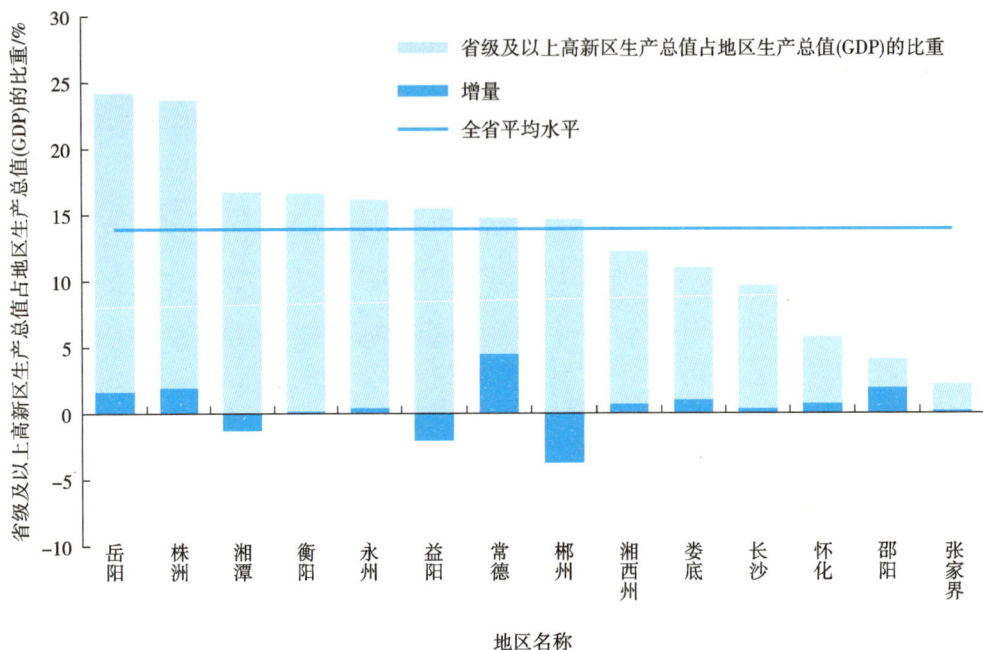

图 2-23　2021 年各地区省级及以上高新区生产总值占地区生产总值（GDP）的比重及增量

级及以上研发平台数量为 1009 个，较上年新增 61 个，分别为 5 个省级重点实验室、20 个临床医疗技术示范基地、31 个临床医学研究中心、5 个省级工程技术研究中心。

从省级及以上研发平台数量及增速来看（图 2-24），2021 年，长沙省级及以上研发平台数量为 611 个，占全省的比重超过 60%；株洲、湘潭、衡阳省级及以上研发平台数量超过 50 个，排名分别居全省第 2、3、4；其他各地区均未超过 50 个，其中张家界省级及以上研发平台数量仅 4 个，亟待加强。除湘潭、永州和娄底外，各地区省级及以上研发平台数量均较上年有所增加，湘西州减少 1 个（省级重点实验室减少 2 个、临床医疗技术示范基地增加 1 个），其中长沙新增 40 个，居全省第 1，占全省新增数量的 66.67%。

全省省级及以上创新载体数量为 627 个，较上年新增 66 个，分别为新增 16 个省级科技企业孵化器、新增省级备案众创空间 43 个、新增 6 个国家级科技企业孵化器（常德市的津市高新区生物医药科技企业孵化器和临澧高强科技企业孵化器，衡阳市的衡阳高新技术产业开发区创业服务中心，娄底市的娄底高新区科技企业孵化器，永州市的江华高新技术产业开发区科技企业孵化器，益阳市的东创科技孵化器），取消 3 个国家备案众创空间（长沙市的梅溪湖九合众创、阿里云创客+众创空间、株洲市的声色艺术工厂），新增 11 个国家备案众创空间（长沙市的马栏山视频文创产业园创智园、长沙中电软件园云孵化平台、星通义达专用汽车众创平台，株洲市的互联网创客空间，湘潭市的智慧电气众创空间，衡阳

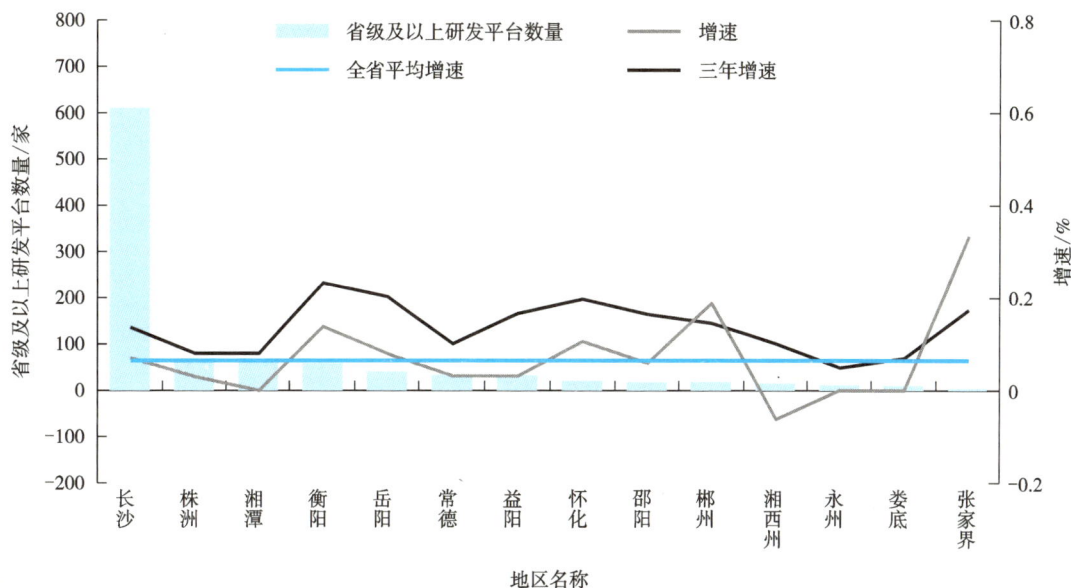

图2-24 2021年各地区省级及以上研发平台数量及增速

市的铁道科创众创空间、晖跃众创空间，常德市的德创工坊，邵阳市的智丰众创空间，永州市湖南科技学院的创客工场，张家界市的飞帆众创空间），取消5个国家级星创天地，取消岳麓高新区、湖南金丹科技投资有限公司2个省级科技企业孵化器，取消2025智选工场等7个省级备案众创空间。

从省级及以上创新载体数量及增量来看（图2-25），2021年，全省共有6个地区的省级及以上创新载体数量超过40个，其中长沙为167个，占全省省级及以上创新载体数量的26.63%，株洲51个，常德、衡阳、湘潭、邵阳超40个；岳阳、怀化、娄底、益阳和永州省级及以上创新载体数量均超30个。各地区省级及以上创新载体数量均较上年有不同程度提高，其中长沙新增17个，居全省第1；衡阳新增11个，居全省第2；常德、益阳、永州新增5个，排名均居全省第3；全省各地区省级及以上创新载体均达到20个以上。衡阳、益阳、永州和娄底实现国家级科技孵化器数量破零；常德实现国家级众创空间破零，全省各地区实现众创空间全覆盖。

3.园区覆盖率水平稳步提升，拓展地区科技创新辐射能力

园区覆盖率是衡量地区科技园区培育成效，助推地区产业园区转型升级的重要标准。2021年，全省省级及以上高新区县市区覆盖率为38.21%，较上年提高4.07个百分点；省级及以上农科园县市区覆盖率为34.96%，较上年提高3.25个百分点。

从省级及以上高新区县市区覆盖率及增量来看（图2-26），2021年，在全省14个地区

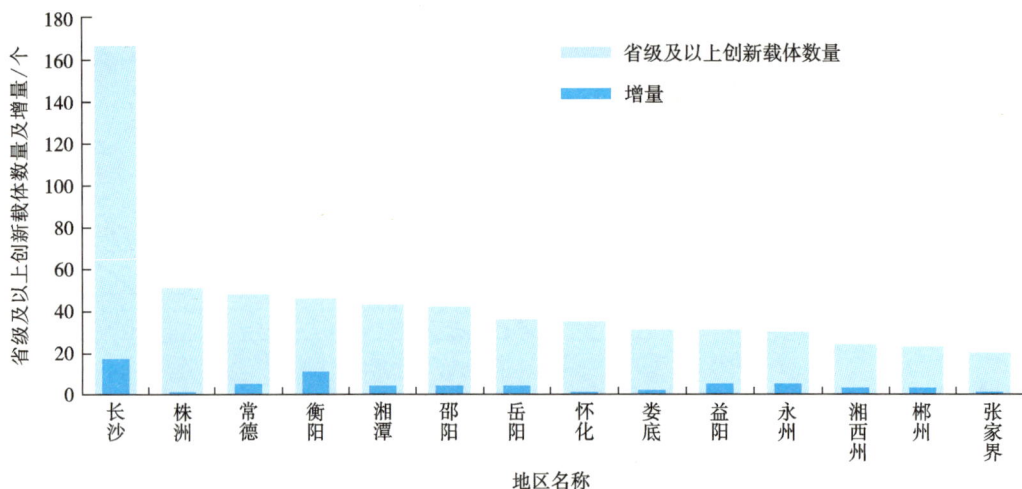

图 2-25 2021 年各地区省级及以上创新载体数量及增量

中，常德、岳阳省级及以上高新区县市区覆盖率并列全省第 1，为 77.78%，其中常德除武陵区、安乡县，岳阳除君山区和屈原管理区外，其他县市区均覆盖高新区；湘潭、娄底以 60% 的覆盖率保持全省第 2。2021 年全省共认定 5 个省级高新区，分别为常德的石门高新区、邵阳的邵阳县高新区、岳阳的华容高新区、株洲的炎陵高新区和衡阳的白沙绿岛高新区，上述 5 个地区 2021 年省级及以上高新区县市区覆盖率均较上年有不同程度提升。

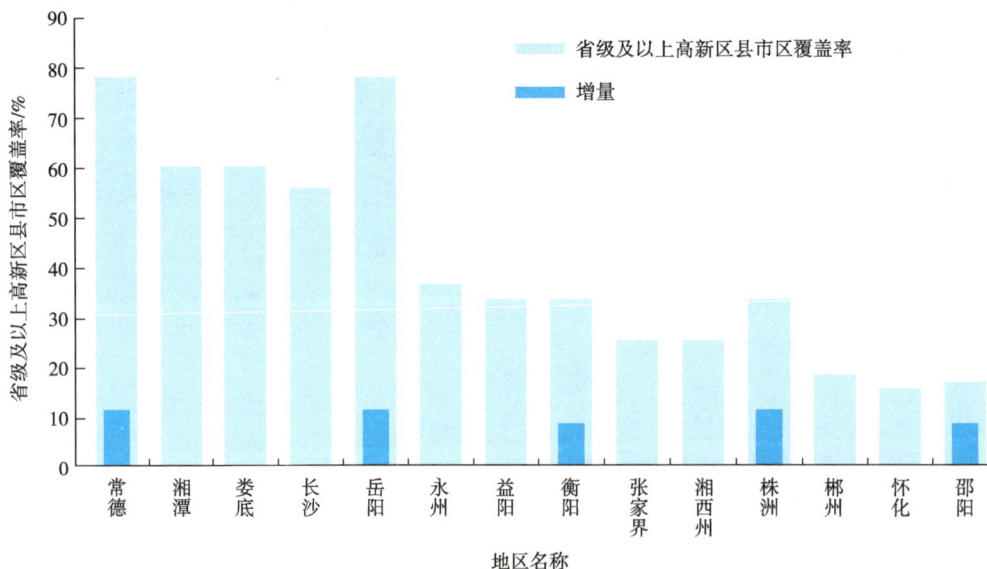

图 2-26 2021 年各地区省级及以上高新区县市区覆盖率及增量

（二）平台载体驱动力评价结果

如表2-9所示，各地区平台载体驱动力平均得分81.23分，其中实力平均得分81.45分，效力平均得分80.90分。平台载体驱动力得分在80分以上的地区有9家，70~80分的地区有3家，60~70分的地区有2家，排名前三的地区分别是常德、岳阳、长沙；实力方面排前三的地区是长沙、湘潭、岳阳；效力方面排前三的地区是常德、岳阳、衡阳。

表2-9 平台载体驱动力评价得分及排名

地区	平台载体驱动力		实力		效力	
	得分	排名	得分	排名	得分	排名
平均得分	81.23	—	81.45	—	80.90	—
长沙	88.07	3	96.91	1	74.82	9
株洲	84.57	5	85.67	5	82.92	7
湘潭	82.81	8	88.17	2	74.77	10
衡阳	87.69	4	85.32	6	91.24	3
邵阳	83.37	6	79.96	9	88.48	4
岳阳	89.75	2	87.71	3	92.81	2
常德	90.10	1	87.00	4	94.74	1
张家界	67.74	14	65.96	14	70.41	12
益阳	83.10	7	81.87	7	84.94	5
郴州	68.45	13	68.16	13	68.89	14
永州	81.54	9	79.87	10	84.05	6
怀化	78.87	10	77.35	11	81.15	8
娄底	77.50	11	80.18	8	73.48	11
湘西州	73.66	12	76.20	12	69.85	13

五、产业经济贡献力

(一)产业经济贡献力发展情况

产业经济贡献力是科技赋能产业升级与经济增长的助推力,报告中产业经济贡献力包括战略性新兴产业发展、高新技术产业发展、科技服务业发展、开放发展、绿色发展、园区绩效6个二级指标,并从实力、效力两个维度综合分析各指标的总量、占比、增速和增量情况,以此来综合评价各地区产业、绿色、开放、园区绩效发展情况,反映产业贡献经济高质量发展的创新效能。

1. 明确发展和主攻方向,战略性新兴产业规模稳步扩大

2021年,省政府出台《湖南省"十四五"战略性新兴产业发展规划》,在"十三五"发展基础之上,提出了湖南省未来五年战略性新兴产业发展的切入点、突破口和主攻方向。2021年,湖南省战略性新兴产业增加值为4750.60亿元,较上年增长559.87亿元,近3年平均增速达到10.79%,战略性新兴产业增加值占地区生产总值(GDP)的比重为10.31%,较上年提升0.28个百分点。

从战略性新兴产业增加值及增速来看(图2-27),2021年,在全省14个地区中,战略性新兴产业增加值超过300亿元的有长沙、株洲、岳阳、湘潭、郴州5个地区,其中,长沙战略性新兴产业增加值达1286.82亿元,占全省比重的27.09%;株洲、岳阳2个地区战略性新兴产业增加值分别为560.88亿元和540.40亿元,分别占全省比重的11.81%和11.38%。战略性新兴产业增加值在100亿~300亿元之间的地区有7个,未达到100亿元的地区有2个。从战略性新兴产业增加值近3年平均增速来看,全省各地区战略性新兴产业规模稳步扩大,株洲、常德、长沙3个地区增加值增速超过全省平均水平(10.79%),分别为13.65%、13.55%和12.29%,岳阳、永州、怀化、娄底、湘潭、郴州、益阳、衡阳、邵阳9个地区增加值增速在5%~11%之间,张家界地区增加值增速为-2.34%。2021年,长沙市出台《长沙市"十四五"服务型制造发展规划(2021—2025年)》,长沙智能制造装备、湘潭智能制造装备、岳阳新型功能材料和娄底先进结构材料等4个产业集群列入国家第一批战略性新兴产业集群发展工程。

从战略性新兴产业增加值占地区生产总值(GDP)的比重及增量来看(图2-28),

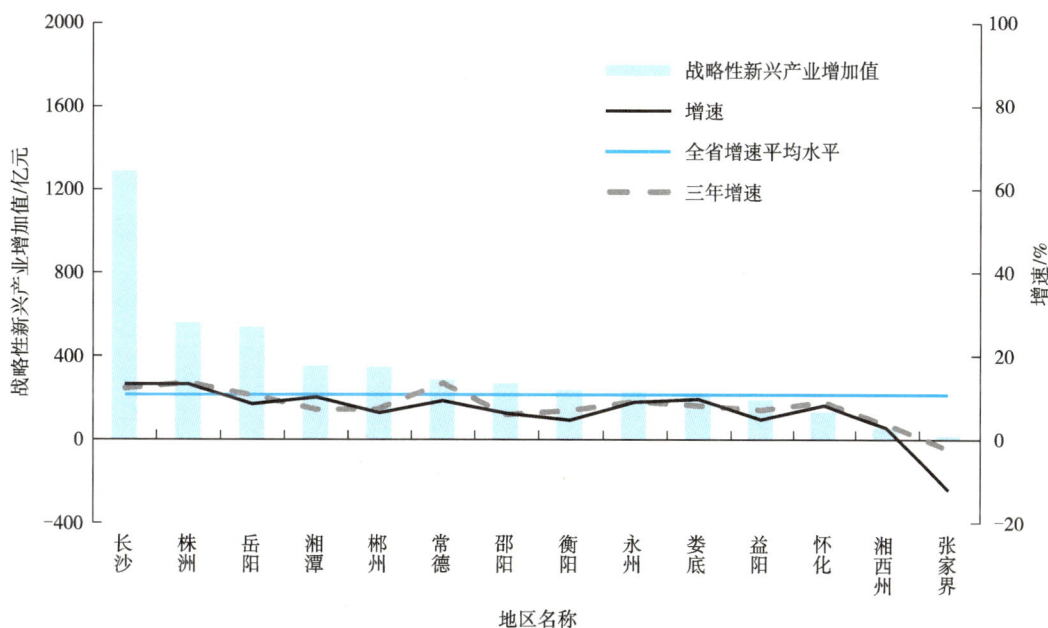

图 2-27 2021 年各地区战略性新兴产业增加值及增速

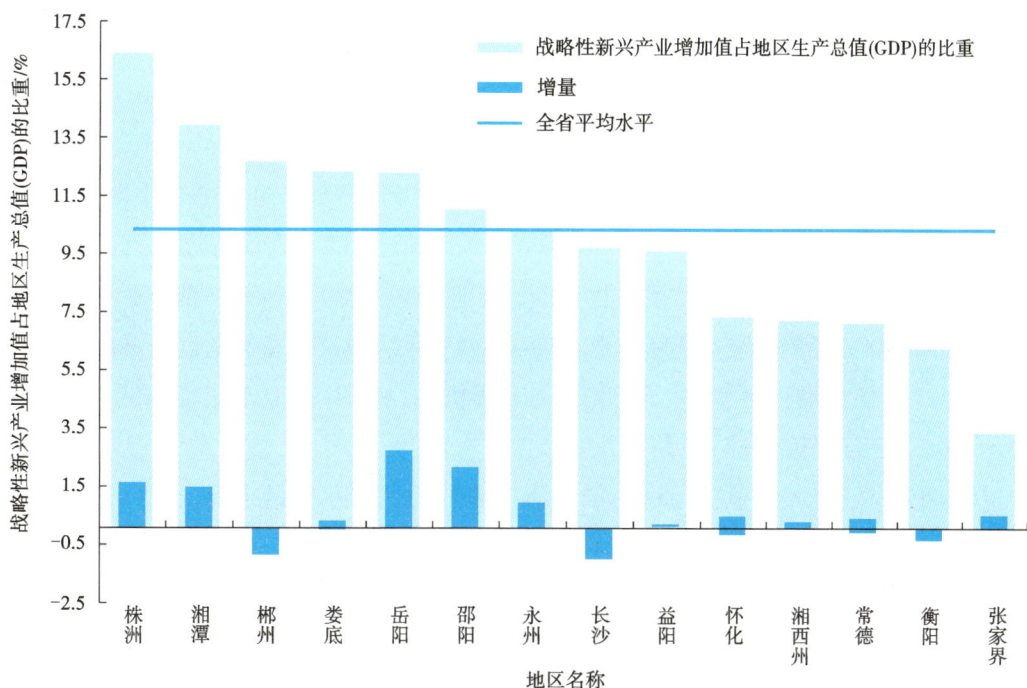

图 2-28 2021 年各地区战略性新兴产业增加值占地区生产总值（GDP）的比重及增量

2021 年，在全省 14 个地区中，战略性新兴产业增加值占地区生产总值（GDP）的比重超过全省平均水平（10.31%）的有株洲、湘潭、郴州、娄底、岳阳、邵阳 6 个地区，其中，株洲战略性新兴产业增加值占地区生产总值（GDP）的比重最高，为 16.40%，高出全省平均水平 6.09 个百分点；湘潭达到 13.91%，高出全省平均水平 3.60 个百分点。战略性新兴产业增加值占地区生产总值（GDP）的比重较上年提升超过 2 个百分点的地区是岳阳和邵阳，分别较上年提升 2.70 个百分点和 2.12 个百分点，益阳、衡阳、郴州、长沙 4 个地区较上年有所下降。

2. 明晰培育和聚焦重点，高新技术产业集聚效能显现

2021 年，省科技厅、省发改委联合出台《湖南省省级高新技术产业开发区认定和管理办法》，通过充分发挥高新技术产业开发区集聚作用，促进高新技术产业发展和产业结构优化。2021 年，全省高新技术产业增加值为 10994.55 亿元，迈上万亿元台阶，较上年增长 19.00%，高出工业增加值增速 11 个百分点，近 3 年平均增速达到 14.41%，高新技术产业增加值占地区生产总值（GDP）比重为 23.87%，较上年提升 0.41 个百分点。

从高新技术产业增加值及增速来看（图 2-29），2021 年，在全省 14 个地区中，高新技术产业增加值超过 700 亿元的有长沙、岳阳、株洲、湘潭 4 个地区，其中，长沙高新技术产业增加值达 3820.64 亿元，占全省比重的 34.75%；岳阳、株洲 2 个地区高新技术产业增加值，均超过 1000 亿元，分别为 1137.77 亿元和 1016.11 亿元，分别占全省比重的 10.35%和 9.24%；高新技术产业增加值在 300 亿~700 亿元之间的地区有 8 个，未达到 100 亿元的地区有 2 个。从高新技术产业增加值近 3 年平均增速来看，郴州、株洲、邵阳、岳阳、湘潭、常德、娄底、永州 8 个地区增加值增速超过全省平均水平（14.41%），其中郴州增加值增速达到 18.12%，株洲、邵阳、岳阳、湘潭 4 个地区超过 15%。在疫情防控、经济下行等多重压力下，各地区助力企业加大自主创新，产业转型升级，打造创新型产业集群建设，岳阳临港高新区智能制造装备创新型产业集群、常德重大成套设备制造创新型产业集群、湘潭风能产业创新型产业集群、娄底建筑工程机械制造创新型产业集群入选科技部2021 年度创新型产业集群试点（培育）。

从高新技术产业增加值占地区生产总值（GDP）的比重及增量来看（图 2-30），2021 年，在全省 14 个地区中，高新技术产业增加值占地区生产总值（GDP）的比重超过全省平均水平（23.87%）的有湘潭、株洲、长沙、岳阳和益阳 5 个地区，其中，湘潭高新技术产业增加值占地区生产总值（GDP）的比重最高，为 38.35%，高出全省平均水平 14.48 个百分点；株洲达到 29.71%，高出全省平均水平 5.84 个百分点。高新技术产业增加值占地区生产总值（GDP）的比重较上年提升超过 2 个百分点的地区有湘潭、岳阳、益阳 3 个地区，分别较上年提升 2.24 个百分点、2.20 个百分点和 2.18 个百分点；株洲、邵阳、怀化、湘西

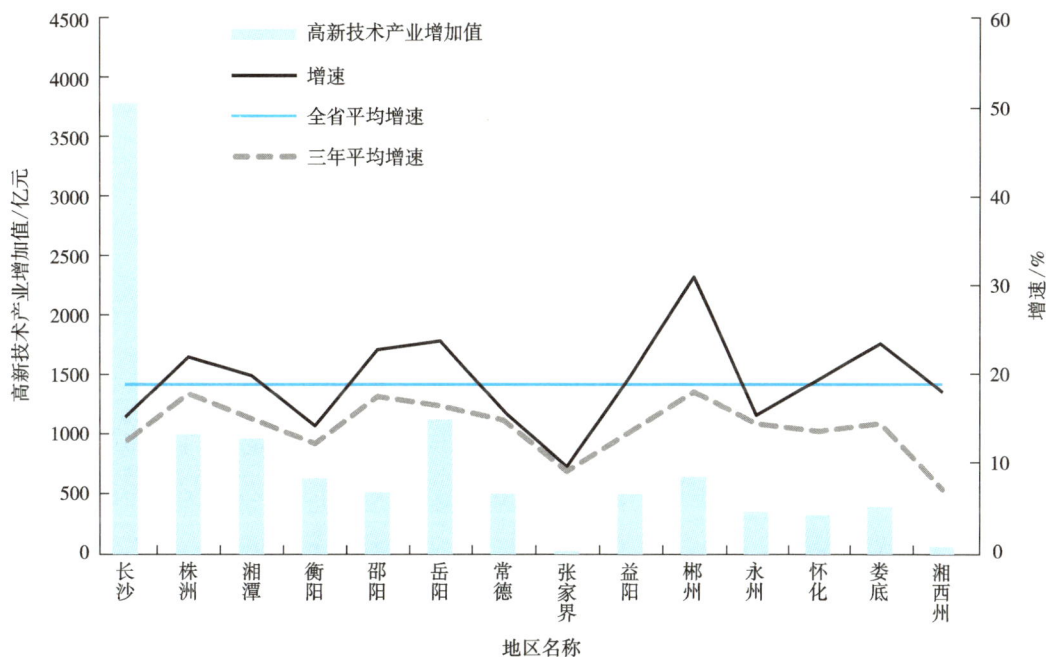

图 2-29　2021 年各地区高新技术产业增加值及增速

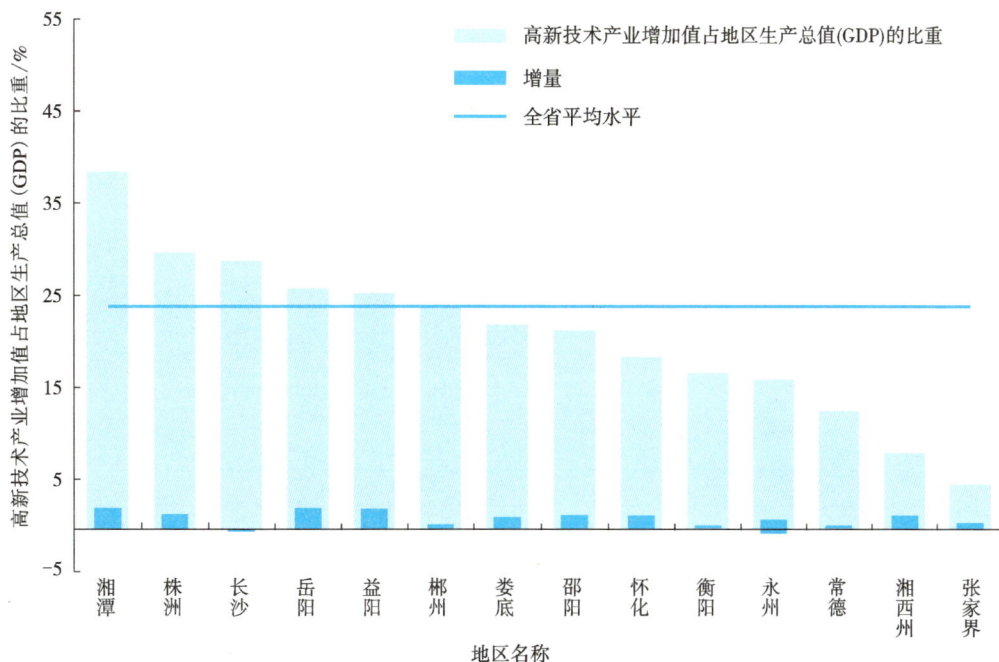

图 2-30　2021 年各地区高新技术产业增加值占地区生产总值（GDP）的比重及增量

州、娄底 5 个地区所占比重较上年提升 1 个百分点以上，衡阳、常德、长沙、郴州、永州 5 个地区较上年有所下降。

3. 协调发展贸易和产业，高新技术产品出口再创新高

2021 年，全省通过大力推进自贸区制度创新、助推湘非经贸合作、优化口岸营商环境等措施，保障疫情之下湖南外贸稳定增长，实现高新技术产品出口 501.83 亿元，近 3 年平均增速达到 27.21%，高新技术产品出口额占货物出口总额的比重为 11.91%，较上年下降 2.15 个百分点。

从高新技术产品出口额及增速来看（图 2-31），2021 年，在全省 14 个地区中，高新技术产品出口额超过 30 亿元的有长沙、岳阳、株洲、郴州 4 个地区，其中，长沙高新技术产品出口额达到 301.22 亿元，占全省比重的 60.02%，岳阳、株洲、郴州 3 个地区高新技术产品出口额分别为 44.27 亿元、36.01 亿元和 32.71 亿元，分别占全省比重的 8.82%、7.18% 和 6.52%。高新技术产品出口额在 1 亿~20 亿元之间的地区有 5 个，未达到 1 亿的地区有 3 个。从高新技术产品出口额近 3 年平均增速来看，岳阳、株洲、张家界、益阳、郴州、娄底、常德 7 个地区增速超过全省平均水平（27.21%），长沙、永州、湘潭、邵阳、衡阳 5 个地区保持正增长，怀化、湘西州 2 个地区增速为负。

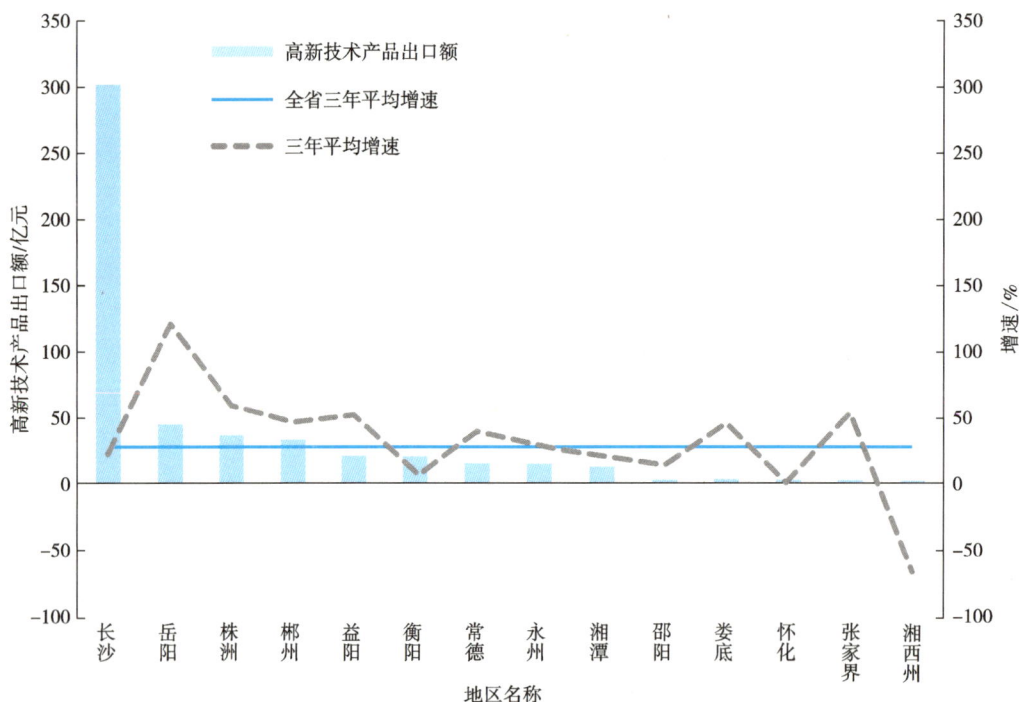

图 2-31 2021 年各地区高新技术产品出口额及增速

从高新技术产品出口额占货物出口总额的比重及增量来看（图2-32），2021年，在全省14个地区中，高新技术产品出口额占货物出口总额比重超过全省平均水平（11.91%）的有株洲、长沙、岳阳3个地区，其中，株洲高新技术产业出口额占货物出口总额比重最高，达到20.98%，高出全省平均水平9.07个百分点；长沙比重为15.23%，高出全省平均水平3.32个百分点。高新技术产品出口额占货物出口总额比重较上年有所提升的地区是株洲、湘潭、郴州和张家界4个地区，分别较上年提升3.85个百分点、1.10个百分点、1.07个百分点和0.92个百分点，其余地区高新技术产品出口额占货物出口总额比重较上年有所下降。

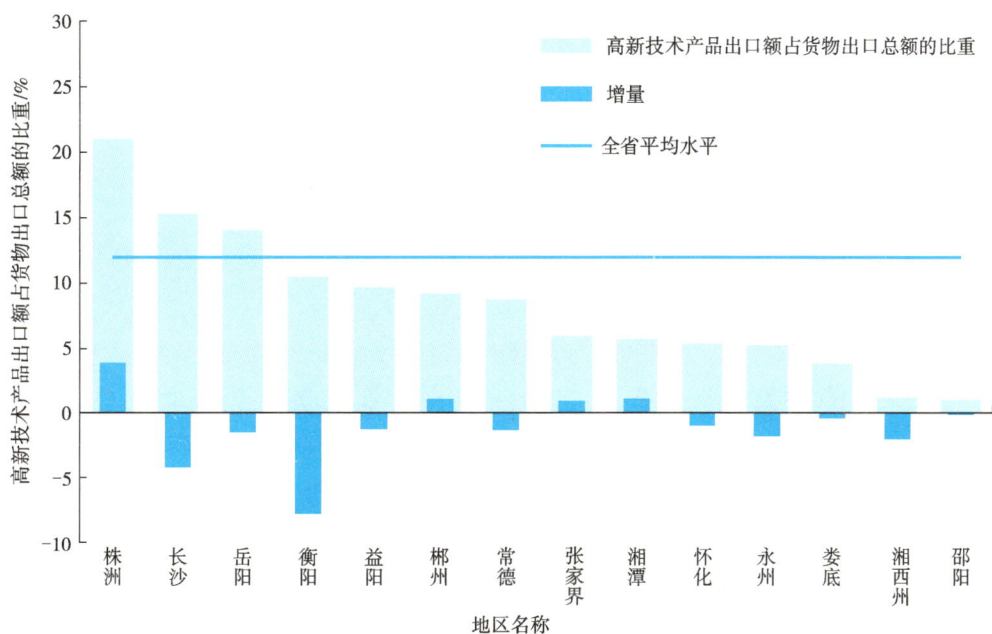

图2-32 2021年各地区高新技术产品出口额占货物出口总额的比重及增量

4. 坚持绿色和低碳理念，推动经济发展全面绿色转型

习近平总书记指出，绿色循环低碳发展是当今时代科技革命和产业变革的方向，是最有前途的发展领域。推动绿色低碳循环发展，加大先进节能减排技术和绿色低碳产品研发和推广力度，可以实现经济社会全面绿色转型，助力实现碳达峰、碳中和目标。2021年，湖南省万元地区生产总值能耗下降率达到3.50%，较上年提升1.52个百分点；环境质量指数为93.34%，较上年提升0.26个百分点。

从万元地区生产总值能耗下降率及增量来看（图2-33），2021年，在全省14个地区中，万元地区生产总值能耗下降率达4%以上的地区有7个、下降率不足3%的地区有

1 个，6 个地区的下降率在 3%～4% 之间。永州万元地区生产总值能耗下降率最高，达到 5.50%，超过全省万元地区生产总值能耗下降率平均水平 2.0 个百分点，湘西州地区万元地区生产总值能耗下降率仅为 2.3%。各地区万元地区生产总值能耗持续保持下降趋势，永州、郴州、常德、益阳 4 个地区万元地区生产总值能耗下降率较上年提升 3 个百分点以上，湘潭、湘西州、怀化、娄底 4 个地区万元地区生产总值能耗下降率提升范围在 1～3 个百分点之间，邵阳万元地区生产总值能耗下降率较上年降低 0.38 个百分点。

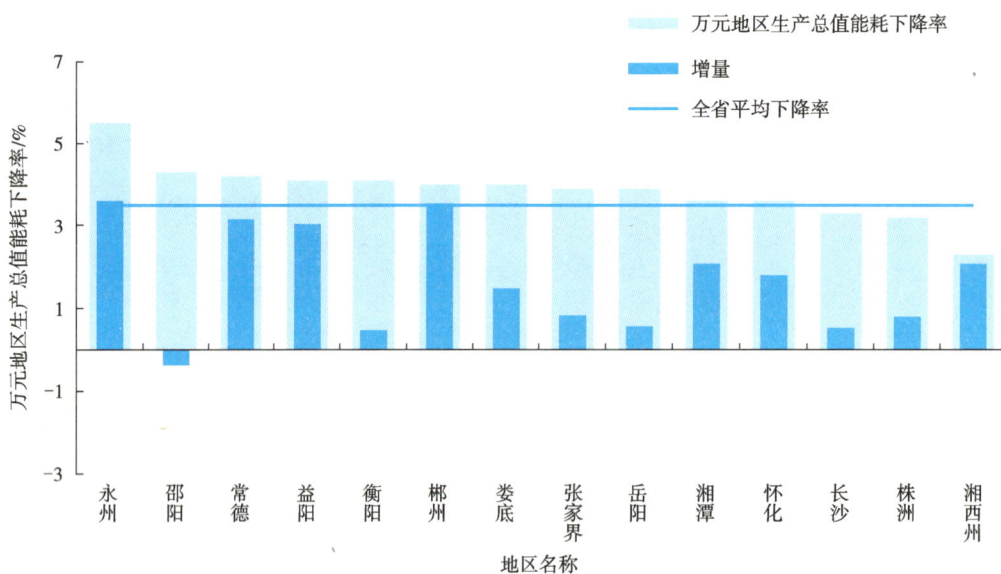

图 2-33　2021 年各地区万元地区生产总值能耗下降率及增量

从环境质量指数及增量来看（图 2-34），2021 年，在全省 14 个地区中，环境质量指数超过全省平均水平（93.34%）的有郴州、邵阳、湘西州、衡阳、岳阳、怀化 6 个地区，其中，郴州环境质量指数最高，高出全省平均水平（93.34%）5.52 个百分点；长沙、永州、娄底、张家界 4 个地区环境质量指数高于 93%；株洲、益阳、湘潭、常德 4 个地区环境质量指数在 88%～93% 之间，常德环境质量指数最低，仅为 88.81%。全省有长沙、益阳、郴州、张家界、永州、岳阳等 9 个地区环境质量指数增量为正，其中长沙提升最多，较上年提升 3.41 个百分点；其他 5 个地区环境质量指数增量为负，常德下降最多。

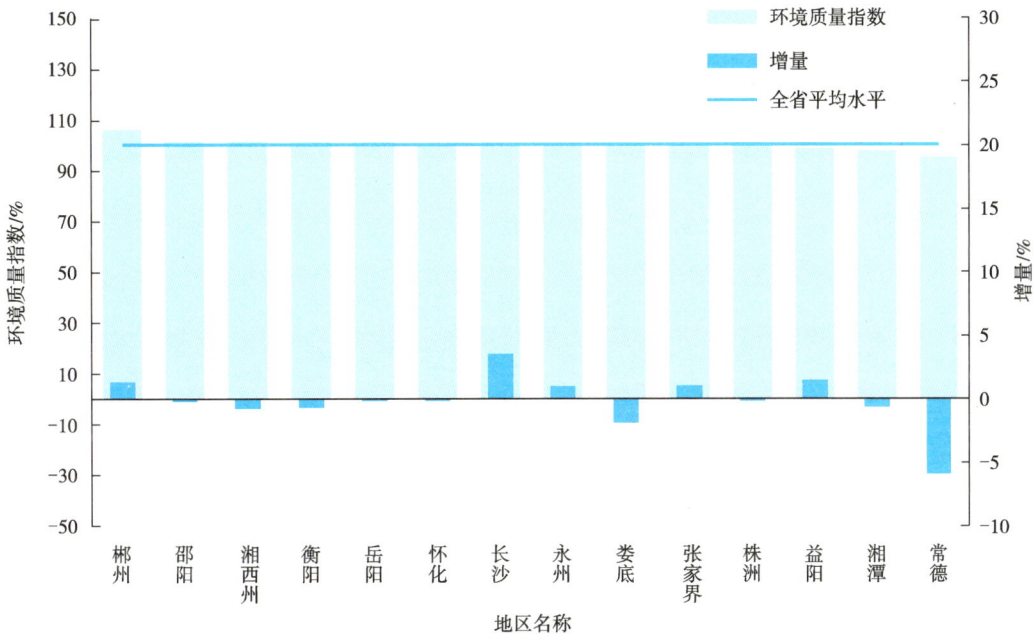

图 2-34 2021 年各地区环境质量指数及增量

(二)产业经济贡献力评价结果

如表 2-10 所示,各地区产业经济贡献力平均得分 85.54 分,其中实力平均得分 84.64 分,效力平均得分 86.88 分。产业经济贡献力得分在 80 分以上的地区有 12 家,70~80 分的地区有 2 家,排名前三的地区分别是岳阳、长沙、湘潭;实力方面排前三的地区是长沙、岳阳、株洲;效力方面排前三的地区是湘潭、岳阳、怀化。

表 2-10 产业经济贡献力评价得分及排名

地区	产业经济贡献力		实力		效力	
	得分	排名	得分	排名	得分	排名
平均得分	85.54	—	84.64	—	86.88	—
长沙	90.36	2	94.28	1	84.47	12
株洲	88.13	4	89.79	3	85.64	11
湘潭	89.89	3	88.93	5	91.33	1
衡阳	85.23	9	87.81	6	81.36	14

续表2-10

地区	产业经济贡献力		实力		效力	
	得分	排名	得分	排名	得分	排名
邵阳	84.54	11	81.48	11	89.14	4
岳阳	90.95	1	91.81	2	89.67	2
常德	86.10	8	85.37	9	87.19	8
张家界	74.33	14	65.31	14	87.87	7
益阳	86.58	7	85.44	8	88.29	6
郴州	88.11	5	89.65	4	85.81	10
永州	86.70	6	87.14	7	86.05	9
怀化	83.55	12	79.70	12	89.32	3
娄底	85.02	10	82.67	10	88.54	5
湘西州	78.02	13	75.60	13	81.65	13

六、创新主体竞争力

（一）创新主体竞争力发展情况

创新主体竞争力是提升地区科技创新能力的重要驱动力，本报告中创新主体竞争力包括高新技术企业、科技型中小企业及上市培育企业、规上工业企业研发、高校院所基础研究、研发税收优惠、创新创业参与6个二级指标，并从实力、效力两个维度综合分析各指标的总量、占比、增速和增量情况，以此来综合评价各地区对企业、高校、科研院所等创新主体培育、扶持、激励情况，反映各地区创新主体的创新活力和发展潜力。

1.企业梯次培育成效显著，科技型企业规模持续增长

近年来，湖南省构建并完善"微成长、小升高、高壮大、大变强"的科技型企业梯次培育机制，建设由科技型中小企业、高新技术企业、专精特新企业、瞪羚企业、独角兽企业、科技领军企业等组成的科技型企业梯队。2021年，全省高新技术企业有11063家，较上年

增长 28.18%；科技型中小企业有 11401 家，较上年增长 54.74%；上市后备企业有 611 家，较上年增长 10.89%。

从高新技术企业数及增速来看（图 2-35），2021 年，在全省 14 个地区中，高新技术企业数量超过 600 家的地区有 5 个、未过 100 家的地区有 1 个、8 个地区的高新技术企业数量在 100~500 家之间。2021 年，长株潭 3 市高新技术企业数量占全省总量的 61.26%，其中长沙达到 5230 家，占全省总量 47.27%；张家界高新技术企业数量仅为 96 家，占全省总量比重不到 1%。各地区持续加大对重点高新技术企业和优势产业的扶持力度，高新技术企业数量均呈正向增长，7 个地区高新技术企业数增速超过全省平均增速（28.18%），衡阳、邵阳、益阳 3 个地区高新技术企业数增长尤为显著，增速分别达到 52.53%、46.28%、35.69%，湘西州、怀化 2 个地区高新技术企业数增速低于 20%。

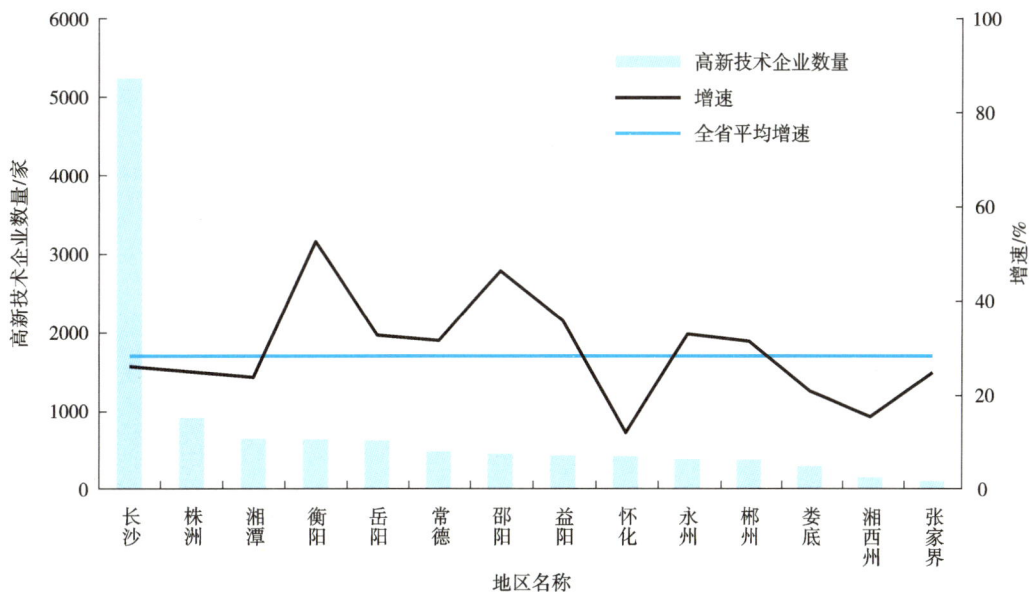

图 2-35　2021 年各地区高新技术企业数量及增速

从科技型中小企业数及增速来看（图 2-36），2021 年，在全省 14 个地区中，科技型中小企业数量超过 700 家的地区有 5 个、未过 200 家的地区有 1 个、8 个地区的科技型中小企业数量在 300~600 家之间。2021 年，长株潭衡 4 个地区科技型中小企业数量占全省总量达到 59.06%，其中长沙达到 4452 家，占全省总量的 39.05%；张家界科技型中小企业数量仅为 184 家，占全省总量的 1.61%。各地区积极释放入库科技型中小企业在税收减免、财政支持、企业上市培育、吸引人才、低成本融资等方面政策红利，科技型中小企业数量均呈正向增长，3 个地区科技型中小企业数增速超过全省平均增速（54.74%），益阳、郴州、长沙 3 个地区科技型中小企业数增长尤为显著，增速分别达到 83.23%、73.79%、

69.86%，岳阳、娄底 2 个地区科技型中小企业数增速低于 30%。

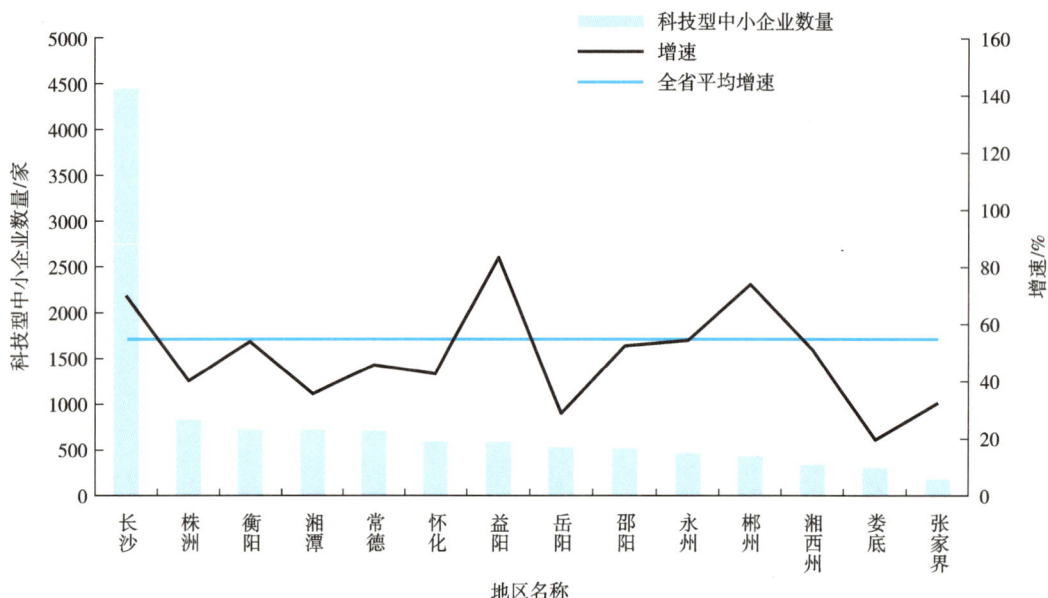

图 2-36　2021 年各地区科技型中小企业数量及增速

从省上市后备企业数量及增速来看(图 2-37)，2021 年，在全省 14 个地区中，省上市

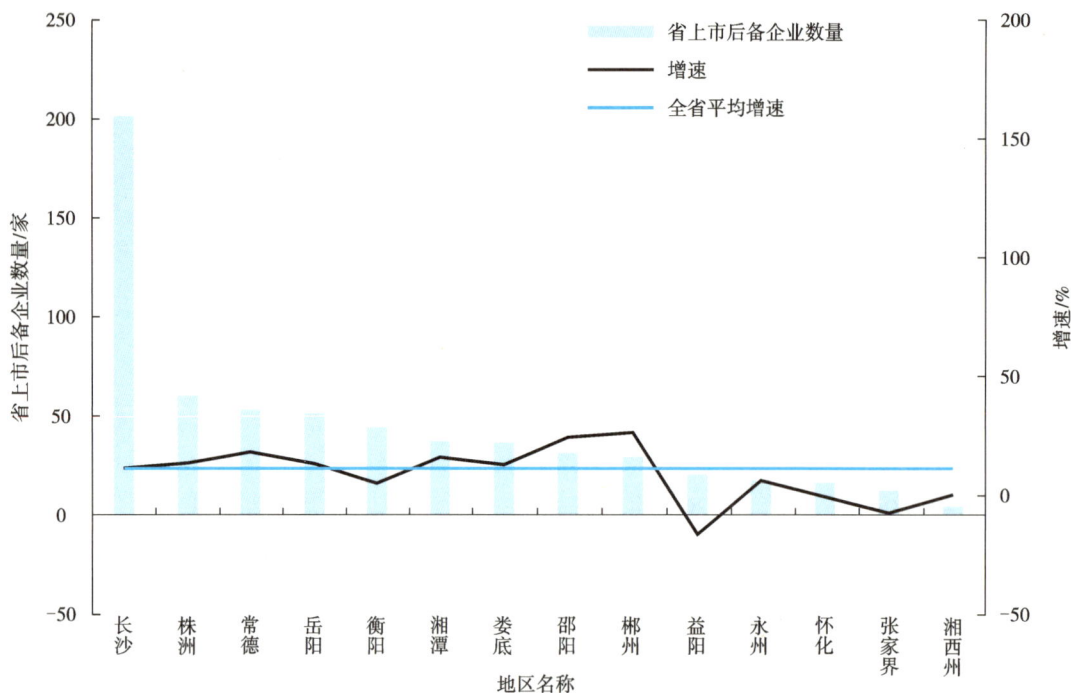

图 2-37　2021 年各地区省上市后备企业数量及增速

后备企业数量超过 50 家的地区有 4 个、未过 10 家的地区有 1 个、9 个地区的省上市后备企业数量在 10~50 家之间。2021 年,长沙、株洲 2 个地区省上市后备企业数量占全省总量的 42.72%,其中长沙有 201 家,占全省总量的 32.90%。湘西州省上市后备企业数量与去年一样,仍为 4 家。在进一步加大政策支持力度和优化政务服务环境下,优质企业上市进程加快,10 个地区的省上市后备企业数均呈正向增长,其中 8 个地区上市后备企业数增速超过全省平均增速(10.89%),郴州、邵阳 2 个地区的省上市后备企业数增长尤为显著,增速分别达到 26.09% 和 24.00%;6 个地区的省上市后备企业数增速低于 10%,其中张家界、益阳 2 个地区的省上市后备企业数呈负增长。

2. 各类创新主体自立自强,创新实力水平逐步提升

湖南省在政府加强引导、强化创新主体、社会力量参与的投入机制下,出台企业、高校、科研院所研发财政奖补等系列政策,支持企业加大研发投入,促进高校和科研院所加强基础研究。2021 年,全省规模以上工业企业研发(R&D)经费占营业收入的比重为 1.76%,较上年提升 0.06 个百分点;规模以上工业企业有研发(R&D)活动的单位占比为 51.81%,较上年提升 8.11 个百分点。高校、科研院所基础研究占研发(R&D)经费支出比重分别较上年分别提升 7.98 个和 0.37 个百分点。

从规模以上工业企业研发(R&D)经费占营业收入的比重及增量来看(图 2-38),2021 年,在全省 14 个地区中,规模以上工业企业研发(R&D)经费占营业收入的比重超过

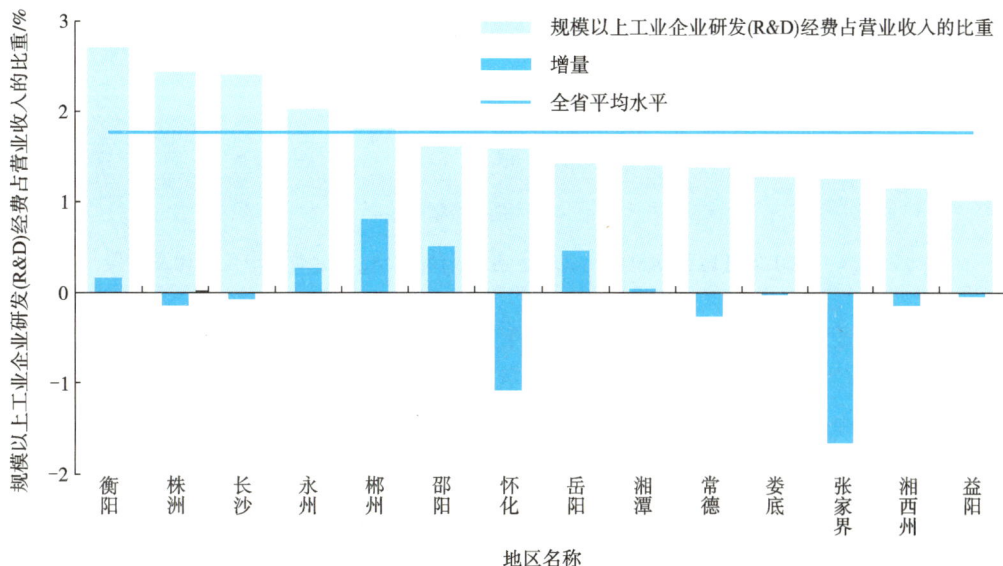

图 2-38 2021 年各地区规模以上工业企业研发(R&D)经费占营业收入的比重及增量

全省平均水平的地区有衡阳、株洲、长沙、永州、郴州 5 个地区，分别为 2.70%、2.43%、2.40%、2.02%、1.81%；湘西州、益阳规模以上工业企业研发(R&D)经费占营业收入的比重低于 1.2%。全省有 5 个地区规模以上工业企业研发(R&D)经费占营业收入的比重增量超过全省平均增量，其中郴州提升了 0.81 个百分点，提升尤为显著；此外还有邵阳、岳阳、永州、衡阳、湘潭 5 个地区增量为正，其余 8 个地区增量为负。

从规模以上工业企业有研发(R&D)活动的单位占比及增量来看(图 2-39)，2021 年，在全省 14 个地区中，占比超过全省水平(51.81%)的地区有长沙、湘潭、衡阳、郴州、永州 5 个地区，分别为 66.96%、61.25%、60.69%、57.41%、54.60%；湘西州、张家界、株洲 3 个地区占比不足 40%，分别为 35.71%、32.64%、31.49%。全省有 5 个地区的占比增量超过全省水平增量水平，其中郴州、岳阳 2 个地区分别提升了 23.26 个百分点和 22.59 个百分点，提升尤为显著；此外，全省有 4 个地区规模以上工业企业有研发(R&D)活动的单位占比增量为负。

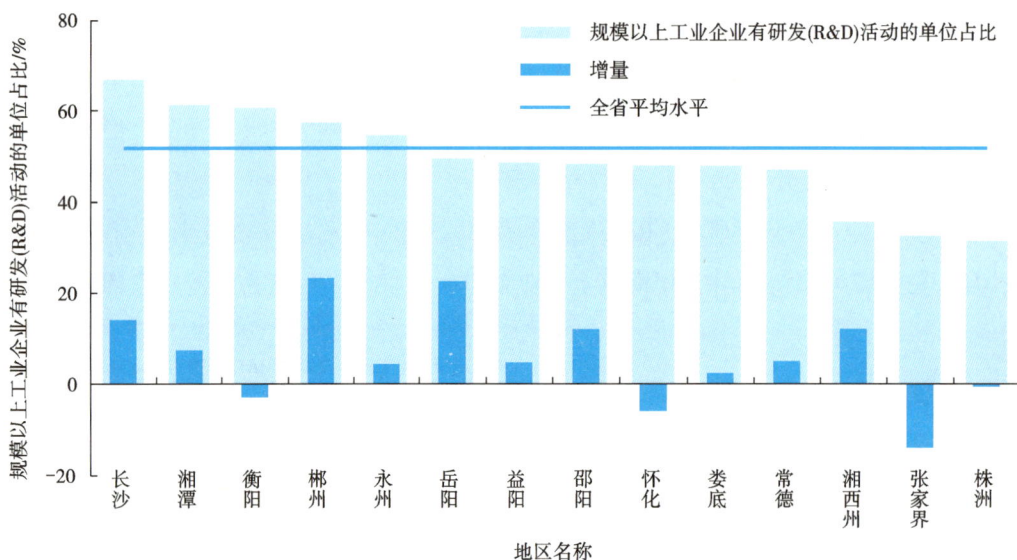

图 2-39 2021 年各地区规模以上工业企业有研发(R&D)活动的单位占比及增量

从高校基础研究占研发(R&D)经费支出比重及增量来看(图 2-40)，2021 年，在全省 14 个地区中，超过全省平均水平(38.08%)的地区有湘西州、衡阳、湘潭、株洲、永州、长沙 6 个，其中湘西州占比超过 50%。郴州、益阳、岳阳、张家界 4 个地区高校基础研究占研发(R&D)经费支出比重低于 20%。全省有 10 个地区高校基础研究占研发(R&D)经费支出比重增量为正增长，其中株洲的增量最高；此外，4 个地区高校基础研究占研发(R&D)经费支出比重增量为负，其中张家界下降幅度最大，永州、常德、邵阳下降幅度超过 5 个百分点。

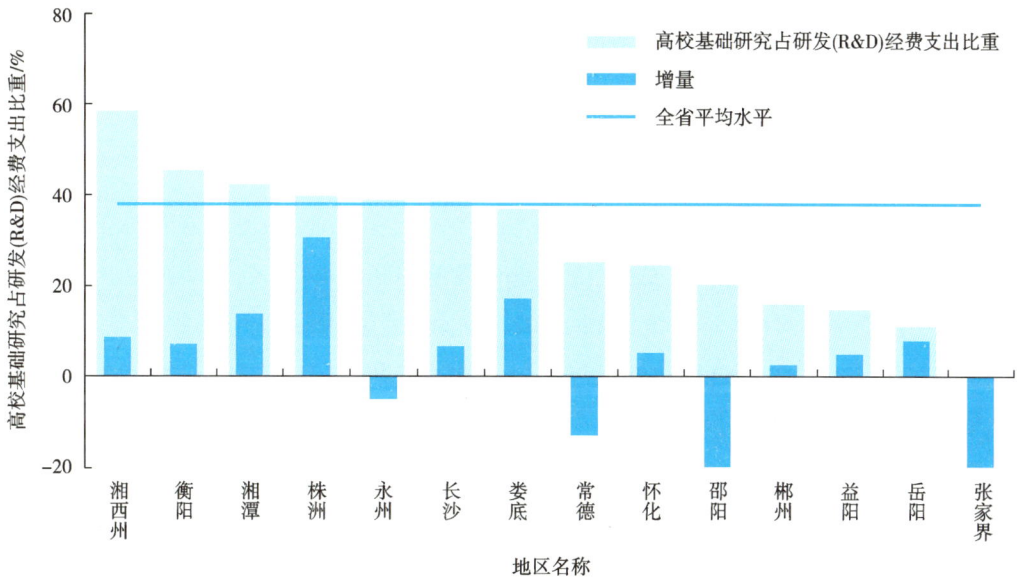

图 2-40 2021 年各地区高校基础研究占研发（R&D）经费支出比重及增量

从科研机构基础研究占研发（R&D）经费支出比重及增量来看（图 2-41），全省 14 个地区中，超过全省平均水平（9.53%）的地区有湘潭、郴州、长沙、怀化、益阳 5 个，占比分别为 29.16%、21.87%、15.13%、12.97%、9.56%；岳阳、湘西州、邵阳、张家界 4 个地区科研机构无基础研究投入。在科研机构有基础研究投入的 10 个地区中，有 5 个地区科研机

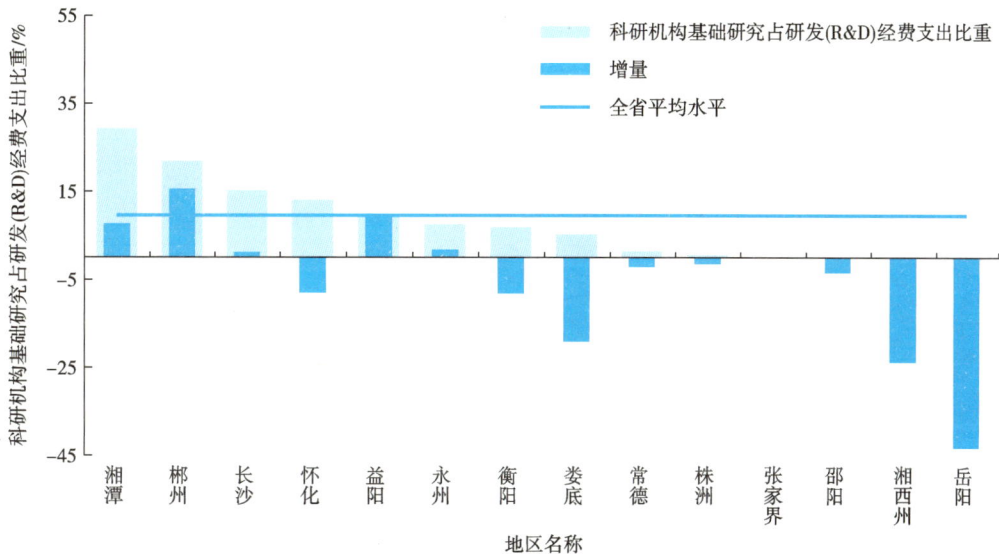

图 2-41 2021 年各地区科研机构基础研究占研发（R&D）经费支出比重及增量

构基础研究占研发(R&D)经费支出比重增量高于全省增量水平(0.37个百分点),其中郴州、益阳提升幅度尤为显著,分别提升了15.46个百分点、9.56个百分点;此外,有8个地区科研机构基础研究占研发(R&D)经费支出比重增量为负数。

3.研发扶持力度不断加强,企业获得感持续提升

研发费用加计扣除政策是支持企业科技创新的有效政策抓手,湖南省贯彻落实国务院激励企业加大研发投入、优化研发费用加计扣除政策实施的举措,连续实施企业研发财政奖补政策,让企业充分享受政策红利。2021年,全省企业研发加计扣除减免税额为590.13亿元,较上年增长54.46%。每万家企业中享受研发加计扣除企业数为223.45个,较上年增加了26.19个。

从企业研发加计扣除减免税额及增速来看(图2-42),2021年,在全省14个地区中,长沙企业研发加计扣除减免税额超过300亿元,达到307.54亿元;12个地区的企业研发加计扣除减免税额在4亿~70亿元之间,张家界仅为1.17亿元。在研发财政奖补政策、加计扣除比例提升等激励政策作用下,各地区企业研发加计扣除减免税额均呈正向增长,9个地区企业研发加计扣除减免税额增速超过全省平均增速(54.46%),益阳、娄底、岳阳3个地区企业研发加计扣除减免税额增长尤为显著,增速分别达到91.73%、76.20%、73.37%,长沙、邵阳、张家界、株洲、郴州5个地区企业研发加计扣除减免税额增速低于全省平均增速。

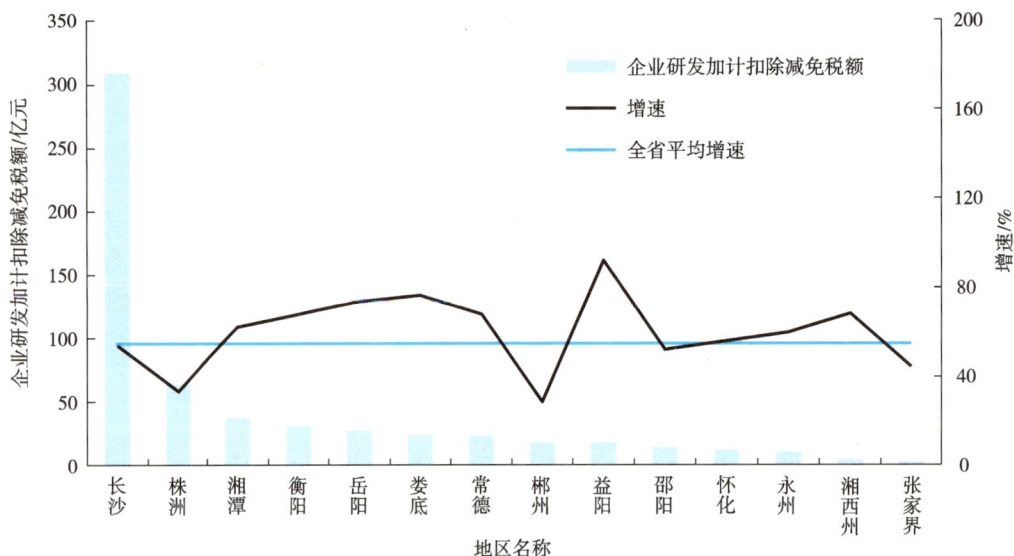

图2-42　2021年各地区企业研发加计扣除减免税额及增速

从每万家企业中享受研发加计扣除企业数及增量来看(图 2-43)，2021 年，在全省 14 个地区中，每万家企业中享受研发加计扣除企业数超过全省平均水平(223.45 个/万家)的地区有株洲、湘潭、长沙 3 个地区，分别为 356.80 个/万家、307.84 个/万家和 304.59 个/万家；张家界每万家企业中享受研发加计扣除企业数不足 100 个/万家，仅为 97.14 个/万家。全省有 6 个地区每万家企业中享受研发加计扣除企业数增量超过全省平均增量(26.19 个/万家)，其中株洲、常德、益阳 3 个地区增量分别较上年提升 41.65 个/万家、40.74 个/万家和 36.75 个/万家，提升幅度较为显著；湘潭、怀化、张家界 3 个地区每万家企业中享受研发加计扣除企业数增量为负数。

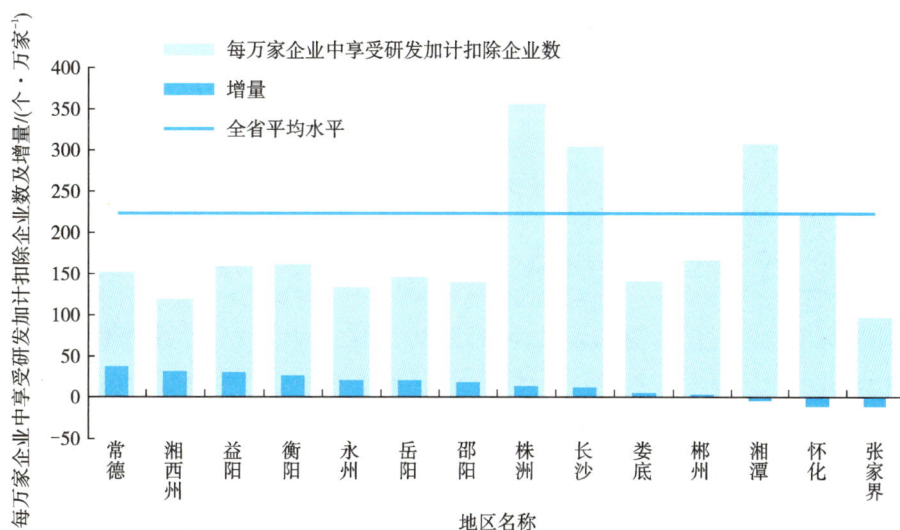

图 2-43　2021 年各地区每万家企业中享受研发加计扣除企业数及增量

4. 创新创业氛围逐步形成，获奖数量和金额有所下降

2021 年，湖南省通过创新创业大赛等形式，持续激发创新创业活力，切实解决参赛企业融资难的难题。探索实施"以赛代评"的科技计划立项新机制，与科技小微企业培养计划进行有效衔接，新增"以投代评"晋级通道和人才激励政策，优化创新创业生态。2021 年，创新创业教育培训和参赛意愿因疫情受到一定程度的影响，全省创新创业大赛获奖数量为 191 个，较上年减少了 68 个；创新创业大赛获奖金额为 2160 万元，较上年减少了 530 万元。

从创新创业大赛获奖数量及增量来看(图 2-44)，2021 年，在全省 14 个地区中，创新创业大赛获奖数量仅长沙 1 个地区超过 50 个，益阳、株洲、永州、衡阳、张家界 5 个地区创新创业大赛获奖数量超过 10 个，娄底、岳阳、湘潭 3 个地区不足 5 个。2021 年，长沙、益阳、株洲、永州 4 个地区创新创业大赛获奖数量占全省总量的 65.45%。全省各地区创新创业大赛获奖数量较上年平均减少 4.86 个，有 3 个地区创新创业大赛获奖数量有所增加，分别是湘西州、衡阳、张家界；益阳、永州、株洲 3 个地区较上年下降 10 个以上。

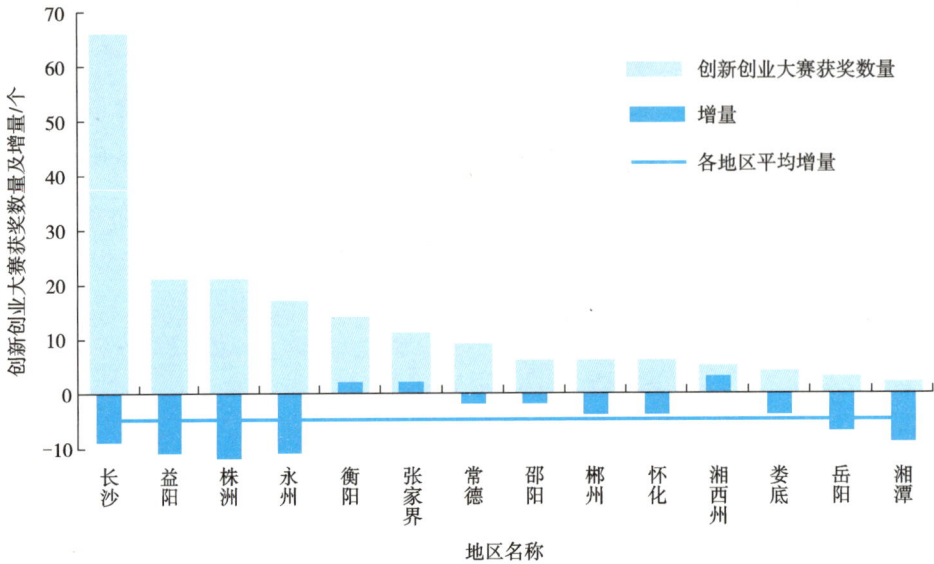

图 2-44　2021 年各地区创新创业大赛获奖数量及增量

从创新创业大赛获奖金额及增量来看(图 2-45)，2021 年，在全省 14 个地区中，创新创业大赛获奖金额超过 200 万元的地区有 3 个、创新创业大赛获奖金额未过 50 万元的地区有 3 个、创新创业大赛获奖金额在 50 万~200 万元之间的地区有 8 个。2021 年，长沙创新创业大赛获奖金额达到 730 万元、株洲达到 340 万元、益阳达到 250 万元，3 个地区创新创业大赛

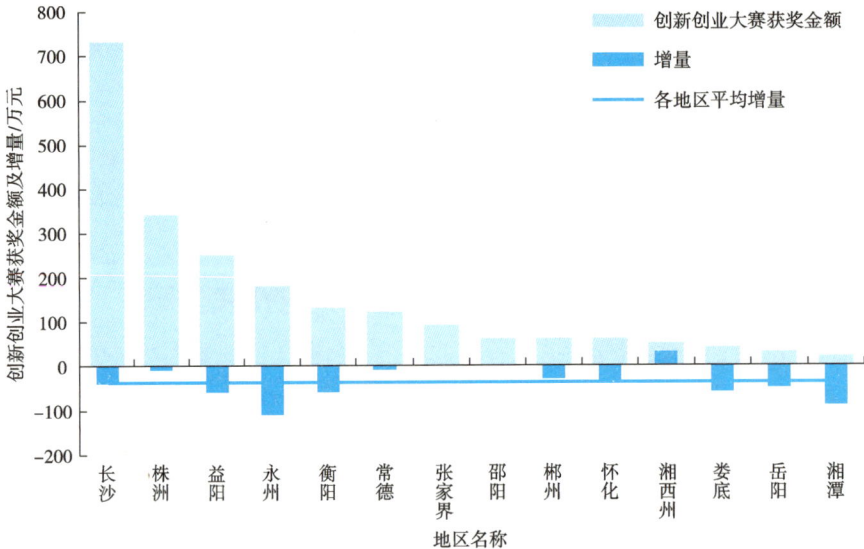

图 2-45　2021 年各地区创新创业大赛获奖金额及增量

获奖金额占全省总量的61.11%；娄底、岳阳、湘潭3个地区创新创业大赛获奖金额总计不足100万元，分别为40万元、30万元、20万元。湘西州创新创业大赛获奖金额较上年增长30万元，张家界、邵阳2个地区创新创业大赛获奖金额与上年持平，其他地区获奖金额均较上年有所下降。

（二）创新主体竞争力评价结果

如表2-11所示，各地区创新主体竞争力平均得分84.88分，其中实力平均得分83.01分，效力平均得分87.69分。创新主体竞争力得分在80分以上的地区有12家，70~80分的地区有2家，排名前三的地区分别是长沙、衡阳、株洲；实力方面排前三的地区是长沙、株洲、衡阳；效力方面排前三的地区是邵阳、衡阳、常德。

表2-11　创新主体竞争力评价得分及排名

地区	创新主体竞争力		实力		效力	
	得分	排名	得分	排名	得分	排名
平均得分	84.88	—	83.01	—	87.69	—
长沙	93.96	1	98.76	1	86.75	7
株洲	88.17	3	90.82	2	84.19	12
湘潭	84.83	9	84.11	7	85.9	9
衡阳	91.49	2	88.88	3	95.41	2
邵阳	88.13	4	82.83	10	96.08	1
岳阳	85.51	8	82.22	11	90.45	5
常德	87.48	5	84.12	6	92.53	3
张家界	71.63	14	62.36	14	85.53	10
益阳	86.22	6	83.34	9	90.54	4
郴州	84.59	10	83.4	8	86.37	8
永州	85.71	7	84.62	4	87.34	6
怀化	81.52	11	84.26	5	77.42	14
娄底	81.24	12	79.58	12	83.72	13
湘西州	77.91	13	72.86	13	85.48	11

第三篇　市州评价篇

一、长沙市

　　长沙市聚焦实现"三高四新"美好蓝图，深入落实"强省会"战略主体责任，以创建国家中心城市、打造"三个高地"引领区为重点，不断强化战略科技力量，加速推进"三区两山两中心"建设，获批国家新一代人工智能创新发展试验区、国家耐盐碱水稻技术创新中心、国家文化和科技融合示范基地，实现国家技术创新中心零的突破。"三智一芯"产业布局基本成型，7大千亿级产业集群持续壮大，新一代超级计算机、耐高温压力传感器等核心关键技术取得重大突破，成为全国唯一实现芯片三大件设计国产自主的城市。科技创新生态持续优化，率先在全省"揭榜挂帅"实施市级重大科技项目，率先在全国实现外国专家来华证件一窗一次办理。获批全国创新驱动示范市，跻身"科创中国"试点城市，创新能力继续保持国家创新型城市第8位，在打造具有核心竞争力的科技创新高地中当好"领头雁"。

　　长沙市科技创新能力综合得分92.27分，排名第1，较上年度排名未发生变化。如图3-1所示，"科技创新供给力"得分92.77分，"成果产出转化力"得分95.36分，"创新主体竞争力"得分93.96分，三个维度均排名第1，较上年度排名未发生变化；"平台载体驱动力"得分88.07分，排名第3，较上年度退位1名；"产业经济贡献力"得分90.36分，排名第2，较上年度进位1名。从总体来看，长沙市"成果产出转化力""创新主体竞争力""科技创新供给力"三个维度均居全省第1，较全省平均水平有较大领先优势；"产业经济贡献力"和"平台载体驱动力"两个维度分别位居全省第2、3，较全省平均水平具有一定优势。

　　长沙市科技创新实力得分 97.32 分，排名第 1，较上年度排名未发生变化。如图 3-2 所示，"科技创新供给实力"得分 98.07 分，"成果产出转化实力"得分 98.16 分，"平台载体驱动实力"得分 96.91 分，"产业经济贡献实力"得分 94.28 分，"创新主体竞争实力"得分 98.76 分。从总体来看，长沙市五个维度的一级指标实力均为全省第 1，较全省平均水平有较大领先优势。

　　长沙市科技创新效力得分 84.69 分，排名第 8，较上年度排名未发生变化。如图 3-2 所示，"科技创新供给效力"得分 84.83 分，排名第 8，"成果产出转化效力"得分 91.16 分，排名第 1，两个维度均较上年度进位 2 名；"平台载体驱动效力"得分 74.82 分，排名第 9，较上年度排名未发生变化；"产业经济贡献效力"得分 84.47 分，排名第 12，"创新主体竞争效力"得分 86.75 分，排名第 7，两个维度均较上年度退位 2 名。从总体来看，长沙市"成果产出转化效力"较全省平均水平有较大领先优势；"科技创新供给效力""创新主体竞争效力"与全省平均水平相当；"产业经济贡献效力"略低于全省平均水平；"平台载体驱动效力"较全省平均水平差距较为明显。

　　长沙市在科技创新能力综合评价的 96 项实力、效力三级指标中，有 33 项指标排名第 1，有 5 项指标排名第 2，共计 66 项指标排名居全省前 7，其中有 63.64% 的指标为总量、占比等实力指标，包括"全社会研发（R&D）经费支出""全社会研发（R&D）人员全时当量""每万人研发（R&D）人员全时当量""基础研究经费支出""地方财政科技支出"等。有 16 项指标排名居全省第 11~14，其中有 87.50% 的指标为增速、增量等效力指标，包括"战略性新兴产业增加值占地区生产总值（GDP）的比重增量""省级及以上科技园区数量增速""高新技术企业数量增速""高新技术产品出口额占货物出口总额的比重增量""技术合同成交额增速"等。

　　评价结果显示（表 3-1）：长沙市在基础研究经费投入和地方财政科技投入、高价值专利、科研成果产出、研发平台与创新载体建设、科技服务业产业发展、科技型中小企业、上市培育企业、研发税收优惠和创新创业参与等方面表现突出；在技术市场活跃度、科技园区建设、全社会研发（R&D）经费投入、创新主体培育等方面表现良好；在绿色发展、高新技术产业、开放发展等方面需进一步提速增效。

　　根据此次评价结果，建议长沙市发挥示范引领作用，充分发挥省会城市创新资源优势，在新一轮科技创新布局中抓住机遇、抢占先机，高水平建设全球研发中心城市、长株潭自主创新示范区、湘江科学城；充分发挥国际工程机械展、世界计算大会、岳麓峰会等重大展会平台作用，进一步发挥产业基金和科创基金的撬动作用。坚持对内整合提升，对外开放共享，制定全球研发中心城市建设实施规划，加快推进湘江科学城规划落地，打造一批世界级研发中心与研发应用场景，汇聚一批世界级高端研发人才。加速推进"4+4 科

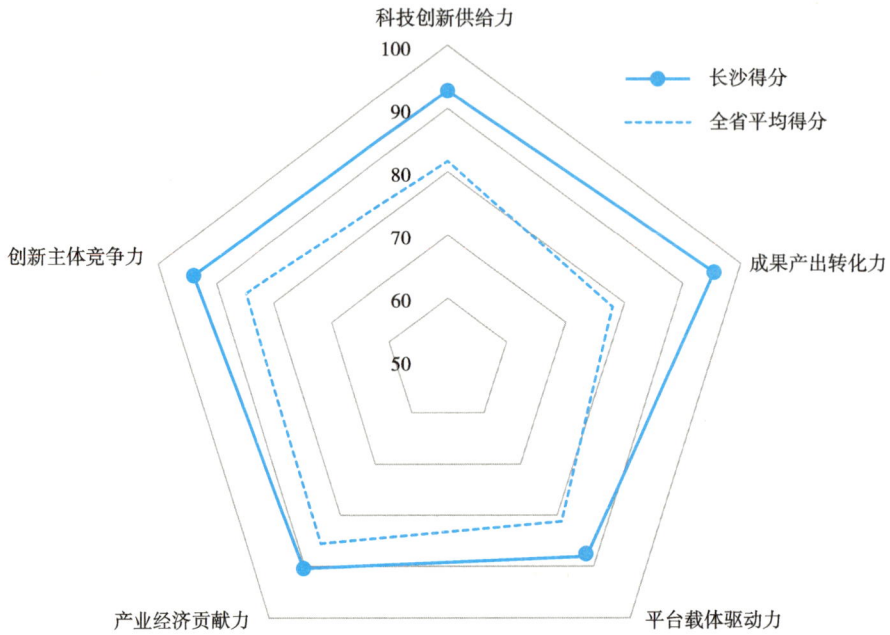

图 3-1　长沙市科技创新能力雷达图

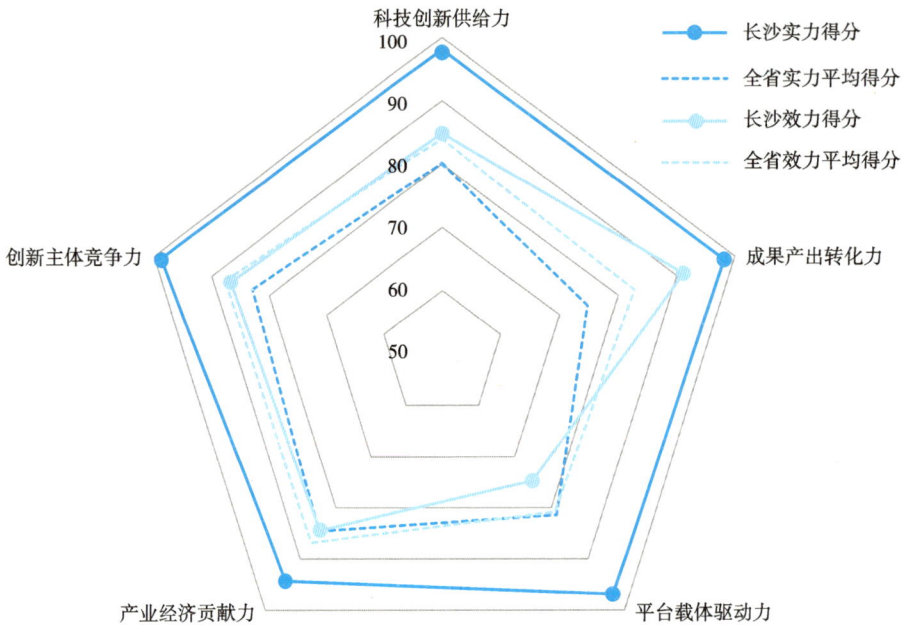

图 3-2　长沙市科技创新实力、效力雷达图

创工程"平台建设和实体化运行，做好国家重点实验室、国家产业创新中心等创新平台提质升级，争取国家重大科学装置、国家实验室等国家战略科技力量落户长沙。开展关键核心技术攻关，大力培育集成电路、软件、航空（大飞机）配套、人工智能等新兴产业，前瞻布局类脑智能、生物技术、前沿新材料等未来产业，推动制造业领域走向高端化、智能化、绿色化。进一步优化创新生态，完善科技创新体系和"产学研金用"联动的科技创新成果转化体系，支持"创新联合体"组建，加强驻长高校领军人才建设。力争全国先进、做好区域示范，进一步强化省会意识、彰显省会作为，在推动全省高质量发展中探新路、做表率。

表3-1　长沙市科技创新能力评价结果

指标名称	科技创新能力		实力（60%）		效力（40%）	
	得分	排名	得分	排名	得分	排名
总得分	92.27	1	97.32	1	84.69	8
一、科技创新供给力	92.77	1	98.07	1	84.83	8↑
全社会研发（R&D）经费投入	89.22	5↓	98.77	1	74.89	11↓
全社会研发（R&D）人员投入	94.00	2↑	100.00	1	85.00	9↑
基础研究经费投入	93.31	1	97.90	1	86.42	4↑
地方财政科技投入	96.34	1↑	95.69	2↑	97.32	1↑
二、成果产出转化力	95.36	1	98.16	1	91.16	1↑
发明专利	95.98	1	100.00	1	89.94	3↓
高价值专利	96.70	1	100.00	1	91.75	2↓
技术市场	91.72	3	94.74	3	87.21	7↓
科技成果奖励	98.83	1↑	100.00	1	97.07	1↑
科研论文	97.98	1	100.00	1	94.95	6↓
三、平台载体驱动力	88.07	3↓	96.91	1	74.82	9
园区发展	77.14	11↓	91.90	3↓	55.00	14↓
研发平台与创新载体	95.22	1	100.00	1	88.04	8↓
园区覆盖率	77.58	8↓	92.64	5↓	55.00	7
四、产业经济贡献力	90.36	2↑	94.28	1	84.47	12↓
战略性新兴产业	85.02	10↑	93.39	5↓	72.47	12↑

续表3-1

指标名称	科技创新能力		实力（60%）		效力（40%）	
	得分	排名	得分	排名	得分	排名
高新技术产业	91.89	6↓	97.53	1	83.44	10↓
科技服务业	92.39	1	100.00	1	80.99	5↑
开放发展	93.70	2↓	97.63	1	87.81	12↓
绿色发展	85.57	10↑	84.91	12	86.57	7↑
园区绩效	94.64	3↑	94.25	7	95.22	5↑
五、创新主体竞争力	93.96	1	98.76	1	86.75	7↓
高新技术企业	90.05	4↓	97.91	1	78.27	12↓
科企、上市培育企业	95.63	1	100.00	1	89.07	8↓
规上工业企业研发	95.01	2↑	96.83	2↑	92.28	5↑
高校院所基础研究	95.08	2↑	94.01	2↑	96.69	5↑
研发税收优惠	97.64	1	99.10	1	95.45	8↓
创新创业参与	94.25	1	100.00	1	85.63	10↓

二、株洲市

　　株洲市围绕"聚焦、裂变、创新、品牌、升级"工作思路，以国家创新型城市建设为总揽，加快"一谷三区"建设，科技创新聚合能力进一步提升。轨道交通、航空动力、硬质合金等优势主导产业持续发展壮大，轨道交通装备产业入选全国25个先进制造业产业集群。株洲市加快推进"企业混改"，总结推广"中车模式""608路径""601现象"，积极引导大型龙头企业依托技术、人才优势培育配套企业。紧扣国家级科技创新平台建设，全力支持推进国家重点实验室优化重组，积极推进冰风洞、极端力能等重大科技基础设施落户；积极推进各类科技创新园区建设，推动炎陵工业集中区成功升级省级高新区，茶陵县申报国家级农业科技园，筹划推动北斗规模应用、发展数字经济产业园建设。连续三年实施"百项科技成果转化"工程，大力支持科技成果以权属转移、技术入股、团队创业等方式到株洲转化落地。出台《株洲市创新人才引培计划》《株洲市双创精英人才计划实施细则（试行）》，基本形成高、中、基础端人才全域覆盖的三级政策体系，为"中国动力谷"高质量发展影响提供强劲动力。

株洲市科技创新能力综合得分88.13分，排名第2，较上年度进位1名。如图3-3所示，"科技创新供给力"得分88.85分，排名第2，较上年度进位1名；"成果产出转化力"得分90.42分，排名第2，较上年度进位1名；"平台载体驱动力"得分84.57分，排名第5，较上年度进位5名；"产业经济贡献力"得分88.13分，排名第4，较上年度退位2名；"创新主体竞争力"得分88.17分，排名第3，较上年度排名未发生变化。从总体来看，株洲市"科技创新供给力""成果产出转化力"两个维度较全省平均水平有较大领先优势；"创新主体竞争力""平台载体驱动力"两个维度较全省平均水平具有一定优势；"产业经济贡献力"略高于全省平均水平。

株洲市科技创新实力得分90.58分，排名第2，较上年度排名未发生变化。如图3-4所示，"科技创新供给实力"得分93.83分，排名第2，较上年度进位1名；"成果产出转化实力"得分90.69分，排名第2，较上年度排名未发生变化；"平台载体驱动实力"得分85.67分，排名第5，较上年度进位1名；"产业经济贡献实力"得分89.79分，排名第3，较上年度排名未发生变化；"创新主体竞争实力"得分90.82分，排名第2，较上年度排名未发生变化。从总体来看，株洲市"成果产出转化实力""科技创新供给实力""创新主体竞争实力""产业经济贡献实力"四个维度较全省平均水平有较大领先优势；"平台载体驱动实力"较全省平均水平具有一定优势。

株洲市科技创新效力得分84.46分，排名第9，较上年度退位5名。如图3-4所示，"科技创新供给效力"得分81.36分，排名第11，较上年度退位9名；"成果产出转化效力"得分90.00分，排名第3，较上年度退位1名；"平台载体驱动效力"得分82.92分，排名第7，较上年度进位6名；"产业经济贡献效力"得分85.64分，排名第11，较上年度退位8名；"创新主体竞争效力"得分84.19分，排名第12，较上年度进位1名。从总体来看，株洲市"成果产出转化效力"较全省平均水平有较大领先优势；"平台载体驱动效力"略高于全省平均水平；"产业经济贡献效力""科技创新供给效力"两个维度略低于全省平均水平；"创新主体竞争效力"与全省平均水平有一定差距。

株洲市在2021年度科技创新能力综合评价的96项实力、效力三级指标中，有16项指标排名第1，有29项指标排名第2，共计64项指标排名居全省前7，其中有64.06%的指标为总量、占比等实力指标，包括"全社会研发(R&D)经费支出占地区生产总值(GDP)的比重""地方财政科技支出占地方财政支出的比重""战略性新兴产业增加值占地区生产总值(GDP)的比重""高新技术产品出口额占货物出口总额的比重""每万家企业法人中高新技术企业数"等。有21项指标排名居全省第11~14，其中有80.95%的指标为增速、增量等效力指标，包括"创新创业大赛获奖数量增量""高新技术企业数量增速""每家省级及以上

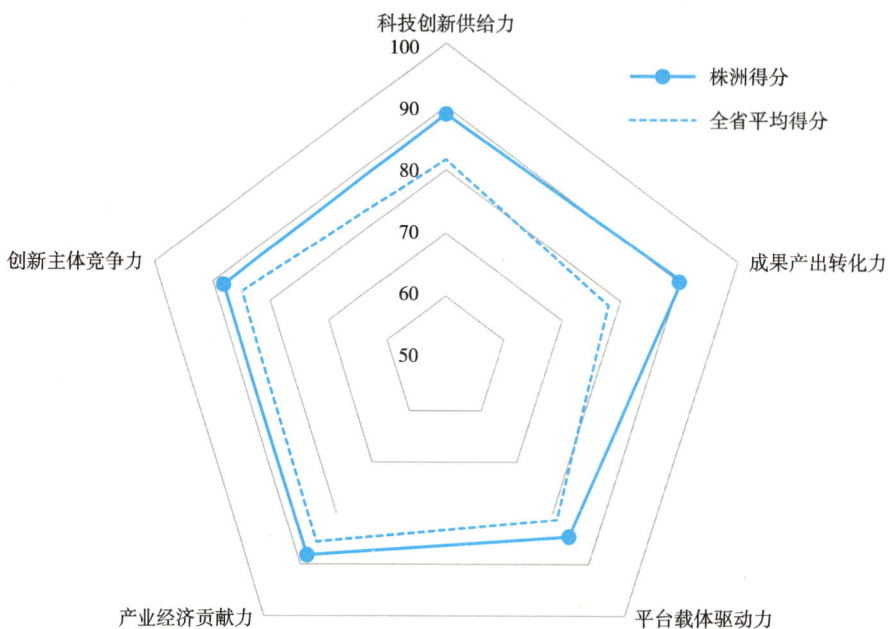

图 3-3　株洲市科技创新能力雷达图

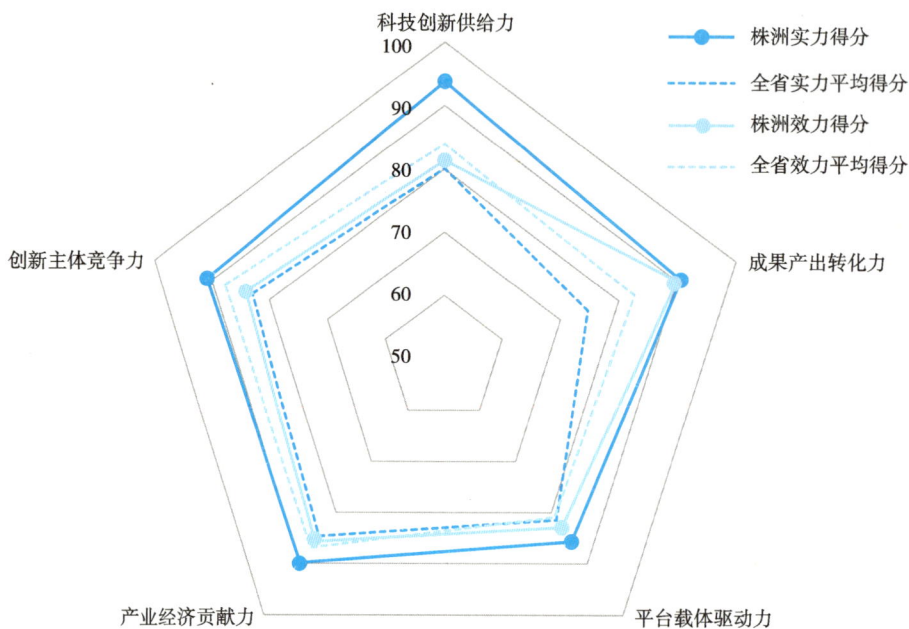

图 3-4　株洲市科技创新实力、效力雷达图

高新区技工贸收入增量""科技服务业产业增加值占地区生产总值(GDP)的比重增量""地方财政科技支出占地方财政支出的比重增量"等。

评价结果显示(表3-2):株洲市在研发(R&D)人员投入、知识产权成果产出、技术市场活跃度、园区发展、战略性新兴产业、高新技术产业、开放发展、高新技术企业培育、研发税收优惠等方面表现突出;在科研论文产出等方面表现较好;在科技服务业、绿色发展、园区绩效、研发平台与创新载体建设等方面有待加强。

根据此次评价结果,建议株洲市全面落实"三高四新"美好蓝图,围绕轨道交通、航空动力、硬质合金等优势产业,引导支持龙头企业不断加强产业基础研究,强化产业创新策源力,提升产业链供应链安全韧性,进一步提高产业集群全球竞争力。持续优化全市产业结构,加快电子信息、新材料等战略新兴产业培育发展,重点围绕新兴产业引进和培育一批具有较高成长潜力的科技型中小企业、高新技术企业和创新型领军企业。积极对接"四大实验室""四大科技基础设施"建设,推进国家重点实验室优化重组,持续发力布局与创建省重点实验室、省级科技企业孵化器等省级创新平台载体,坚持"建平台、聚人才、促发展"。加强对科技服务业的支持和引导,建设专业化、系统化的知识产权、创业服务、科技金融等科技服务体系,打造优质科技创新"软环境"。以"五好"园区建设为目标,坚持绿色发展、安全发展,促进"三生"融合、"三态"协同,提升园区亩均效益。

表3-2　株洲市科技创新能力评价结果

指标名称	科技创新能力		实力(60%)		效力(40%)	
	得分	排名	得分	排名	得分	排名
总得分	88.13	2↑	90.58	2	84.48	9↓
一、科技创新供给力	88.85	2↑	93.83	2↑	81.36	11↓
全社会研发(R&D)经费投入	86.38	7↓	95.13	2	73.27	12↓
全社会研发(R&D)人员投入	93.79	3	94.51	3	92.72	4↑
基础研究经费投入	92.70	2↑	87.83	3↑	100.00	1↑
地方财政科技投入	85.25	4↓	96.28	1	68.70	13↓
二、成果产出转化力	90.42	2↑	90.69	2	90.00	3↓
发明专利	94.43	2	92.44	2	97.41	1↑
高价值专利	94.24	2	91.83	2	97.85	1↑

续表3-2

指标名称	科技创新能力		实力（60%）		效力（40%）	
	得分	排名	得分	排名	得分	排名
技术市场	92.06	2	95.89	1	86.32	9↓
科技成果奖励	75.98	3↓	75.67	3↑	76.43	12↓
科研论文	92.61	5↑	90.24	4↑	93.65	9↓
三、平台载体驱动力	84.57	5↑	85.67	5↑	82.92	7↑
园区发展	91.26	3↑	87.40	8↑	97.06	2↑
研发平台与创新载体	82.56	10↓	85.26	2	78.52	11↓
园区覆盖率	83.91	3↑	85.18	10↑	82.00	3↑
四、产业经济贡献力	88.13	4↓	89.79	3	85.64	11↓
战略性新兴产业	96.85	1↑	97.86	1	95.33	2↑
高新技术产业	95.82	3↑	94.87	3	97.24	3↑
科技服务业	68.75	13↓	71.14	9	65.17	14↓
开放发展	94.34	1↑	91.71	2↑	98.30	1↑
绿色发展	84.00	12↓	83.97	13↓	84.05	10↓
园区绩效	87.85	11↓	99.47	1	70.42	14↓
五、创新主体竞争力	88.17	3	90.82	2	84.19	12↑
高新技术企业	90.46	3↑	96.10	2	82.00	10↑
科企、上市培育企业	88.11	6↓	89.67	2	85.77	11↓
规上工业企业研发	82.81	8↓	79.13	8↓	88.33	12↑
高校院所基础研究	87.50	9↑	80.15	11↑	98.53	1↑
研发税收优惠	92.27	2	93.77	2	90.03	12↓
创新创业参与	84.95	6↓	90.92	2	75.98	13↓

三、湘潭市

　　湘潭市加速推动长株潭一体化发展战略，以建设国家创新型城市为统揽，围绕"国家重要智能制造集聚区"发展定位，集聚国内外优势创新资源，加大研发投入力度，湖南国家应用数学中心、湖南先进传感与信息技术创新研究院等标志性创新平台取得阶段性成果；湖南韶峰应用数学研究院、湖南华研实验室、湖南华碳先进技术研究院等首批省级新型研发机构备案运营。实施"揭榜挂帅""双50"科技创新项目，"海牛号"水下钻深、大型永磁风力发电机转子充磁技术等一批关键技术取得突破，有力支撑13条新兴优势产业链和"两新三电"产业快速发展。依托潇湘科技要素大市场湘潭市场开展"智造莲城"创新成果转化路演活动，转化了特种机器人、精准医疗3D打印等一批重大成果，技术合同成交额占GDP比重全省领先。2021年度获评国家产业转型升级示范区建设优秀城市、国防科技工业创新示范基地，湘潭·智造谷与中部科创发展示范区建设稳步推进。

　　湘潭市科技创新能力综合得分87.15分，排名第3，较上年度退位1名。如图3-5所示，"科技创新供给力"得分88.12分，排名第3，较上年度进位1名；"成果产出转化力"得分90.13分，排名第3，较上年度退位1名；"平台载体驱动力"得分82.81分，排名第8，较上年度退位7名；"产业经济贡献力"得分89.89分，排名第3，较上年度进位4名；"创新主体竞争力"得分84.82分，排名第9，较上年度退位5名。从总体来看，湘潭市"科技创新供给力""成果产出转化力"两个维度较全省平均水平有较大领先优势；"产业经济贡献力"较全省平均水平具有一定优势；"平台载体驱动力"略高于全省平均水平；"创新主体竞争力"与全省平均水平相当。

　　湘潭市科技创新实力得分88.26分，排名第3，较上年度排名未发生变化。如图3-6所示，"科技创新供给实力"得分90.90分，排名第3，较上年度退位1名；"成果产出转化实力"得分89.94分，排名第3，较上年度排名未发生变化；"平台载体驱动实力"得分88.17分，排名第2，较上年度排名未发生变化；"产业经济贡献实力"得分88.93分，排名第5，较上年度进位1名；"创新主体竞争实力"得分84.11分，排名第7，较上年度退位2名。从总体来看，湘潭市"成果产出转化实力""科技创新供给实力""平台载体驱动实力"三个维度较全省平均水平有较大领先优势；"产业经济贡献实力"较全省平均水平具有一定优势；"创新主体竞争实力"略高于全省平均水平。

　　湘潭市科技创新效力得分85.50分，排名第7，较上年度退位5名。如图3-6所示，"科技创新供给效力"得分83.93分，排名第9，较上年度退位5名；"成果产出转化效力"

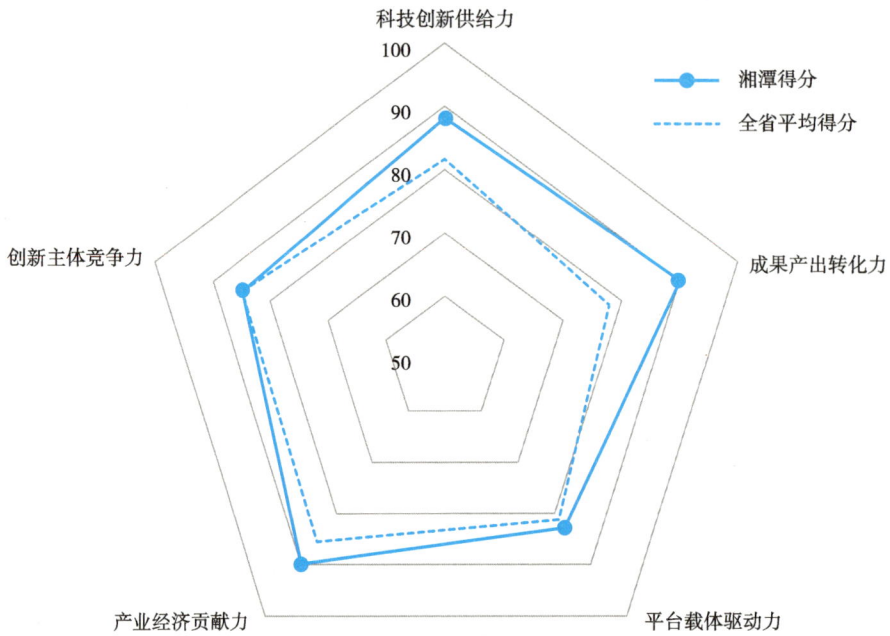

图 3-5　湘潭市科技创新能力雷达图

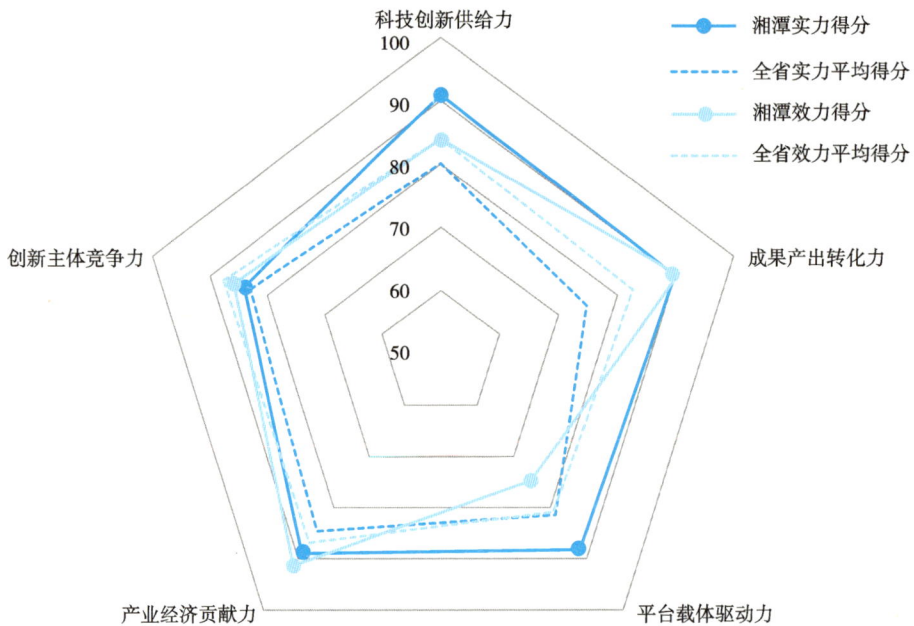

图 3-6　湘潭市科技创新实力、效力雷达图

得分 90.41 分，排名第 2，较上年度退位 1 名；"平台载体驱动效力"得分 74.77 分，排名第10，较上年度退位 8 名；"产业经济贡献效力"得分 91.33 分，排名第 1，较上年度进位11 名；"创新主体竞争效力"得分 85.90 分，排名第 9，较上年度进位 2 名。从总体来看，湘潭市"成果产出转化效力"较全省平均水平有较大领先优势；"产业经济贡献效力"较全省平均水平具有一定优势；"科技创新供给效力"与全省平均水平相当；"创新主体竞争效力"略低于全省平均水平；"平台载体驱动效力"较全省平均水平差距较为明显。

湘潭市在 2021 年度科技创新能力综合评价的 96 项实力、效力三级指标中，有 5 项指标排名第 1，有 15 项指标排名第 2，共计 71 项指标排名居全省前 7，其中有 57.75% 的指标为总量、占比等实力指标，包括"技术合同成交额占地区生产总值（GDP）的比重""高新技术产业增加值占地区生产总值（GDP）的比重""科研机构基础研究占研发（R&D）经费支出比重""全社会研发（R&D）经费支出占地区生产总值（GDP）的比重""每万人研发（R&D）人员全时当量"等；有 12 项指标排名居全省第 11~14，其中有 83.33% 的指标为增速、增量等效力指标，包括"地方财政科技支出增速""创新创业大赛获奖金额增量""地方财政科技支出占地方财政支出的比重增量""每万家企业中享受研发加计扣除企业数增量""省级及以上高新区生产总值占地区生产总值（GDP）的比重增量"等。

评价结果显示（表 3-3）：湘潭市在研发（R&D）投入、高校院所基础研究、科技园区建设、成果转移转化、技术市场活跃度、高新技术产业发展等方面表现突出；在研发平台与创新载体建设、开放发展、科技型企业培育、科技服务业等方面表现较好；在财政科技投入、创新创业环境营造、科技园区建设、绿色发展等方面有待加强。

根据此次评价结果，建议湘潭市充分发挥在实施"三高四新"美好蓝图、建设现代化新湖南主阵地作用，把握长株潭区域一体化发展机遇，加快全国创新型城市建设，优化全域创新布局；加大财政科技投入引导力度，以"政府引导、社会参与"的方式，吸纳社会力量参与基础研究；高起点推进科技创新平台建设，加大科技人才培养、基础科学研究、成果转移转化等方面建设力度，强化先进传感与信息技术创新研究院、湖南国家应用数学中心等重大创新平台建设力度；依托湘潭优势科教资源，深化产学研合作，鼓励高校院所与企业联合建设重大科技基础设施、创新研发平台、新型研发机构、技术转移机构。围绕"两新三电"产业与 13 条新兴优势产业链，采取"揭榜挂帅"、定向委托等方式，聚焦开展重大关键共性技术攻关、重大产品开发、重大工程建设，引导领军企业组建创新联合体。强化高新区作为产业发展主阵地的支撑作用，优化园区创新创业环境，完善"众创空间—孵化器—产业科技园"全链条创新主体孵化体系，推进以企业为核心、高校院所参与的专业孵化载体建设；以绿色化、低碳化为关键抓手推动高质量发展，深入推进节能增效、清洁能源替代和工艺技术更新，支撑钢铁、化工等重点耗能行业能源利用效率水平提升。优化协同创新机制，对接湘江科学城、岳麓山国家大学科技城，协同打造湘江西岸科创走廊，共建长株潭区域科技创新中心，为加快建设创新型省份贡献湘潭力量。

表 3-3　湘潭市科技创新能力评价结果

指标名称	科技创新能力		实力（60%）		效力（40%）	
	得分	排名	得分	排名	得分	排名
总得分	87.15	3↓	88.26	3	85.50	7↓
一、科技创新供给力	88.12	3↑	90.90	3↓	83.93	9↓
全社会研发（R&D）经费投入	91.62	2↑	93.47	3	88.84	5
全社会研发（R&D）人员投入	94.42	1	95.69	2	92.52	5↓
基础研究经费投入	85.38	4↑	83.15	4	88.73	2↑
地方财政科技投入	80.36	8↓	89.69	3↓	66.36	14↓
二、成果产出转化力	90.13	3↓	89.94	3	90.41	2↓
发明专利	91.51	3	89.44	3	94.61	2↑
高价值专利	85.92	3	85.71	3	86.22	3↓
技术市场	94.40	1	95.64	2	92.53	4↓
科技成果奖励	82.31	2↑	80.94	2↑	84.35	3↑
科研论文	94.47	2↑	93.53	2	95.87	4↑
三、平台载体驱动力	82.81	8↓	88.17	2	74.77	10↓
园区发展	82.55	8↓	91.79	4	68.69	10↓
研发平台与创新载体	83.63	7↓	83.80	4↓	83.39	9↓
园区覆盖率	80.60	6↓	97.67	1	55.00	7↓
四、产业经济贡献力	89.89	3↑	88.93	5↑	91.33	1↑
战略性新兴产业	93.40	3↑	94.67	2↑	91.50	4↑
高新技术产业	97.31	1↑	96.98	2	97.82	2↑
科技服务业	81.08	3↑	81.00	5	81.20	4↑
开放发展	84.55	7↑	77.91	8↑	94.50	5↑
绿色发展	87.61	7↑	86.10	11↓	89.87	4↑
园区绩效	93.69	5↑	95.18	4↑	91.44	11↑

续表3-3

指标名称	科技创新能力		实力（60%）		效力（40%）	
	得分	排名	得分	排名	得分	排名
五、创新主体竞争力	84.82	9↓	84.11	7↓	85.90	9↑
高新技术企业	88.02	7↓	94.12	3	78.87	11↓
科企、上市培育企业	89.04	5↓	87.33	5↑	91.60	6↓
规上工业企业研发	85.44	7↓	81.12	7↑	91.92	6↑
高校院所基础研究	97.93	1↑	97.90	1↑	97.98	2↑
研发税收优惠	90.59	3	90.83	3	90.23	11↓
创新创业参与	65.04	14↓	55.00	14↓	80.09	11↓

四、衡阳市

衡阳市将科技创新摆在全市发展的核心位置，持续增强高质量发展的内生动力，高水平国家创新型城市建设迈出坚实步伐，跻身全国城市百强榜。衡阳市与中科院地理所共建地理环境综合试验站（衡阳站），与"大院大所""名院名所"的交流合作日趋活跃，南华大学等高校院所在科研攻关中的作用进一步提升。"深海风电输变电核心技术""新一代光子晶体光纤陀螺"两个省"十大技术攻关"项目顺利推进，海上风电塔筒变压器打破国外垄断、达到国际领先水平，高合金特殊螺纹油井管制备技术达到国际领先水平；第三代杂交水稻双季稻平均亩产再次刷新世界纪录，南华大学研发了我国首台100千瓦工业光纤激光器。"万雁入衡""博士行动"等市校企合作引才机制成效显著，2021年度引进231名博士生、2个高端科创团队；组建中国科学院院士与中国工程院院士指导、"万人计划""杰青"领衔的硕博30余人技术研发及产业化示范研发团队。科技创新为"八大产业基地"、产业强市、省域副中心城市注入创新发展动能。

衡阳市科技创新能力综合得分86.76分，排名第4，较上年度排名未发生变化。如图3-7所示，"科技创新供给力"得分87.05分，排名第5，较上年度退位3名；"成果产出转化力"得分79.48分，排名第4，较上年度进位3名；"平台载体驱动力"得分87.69分，排名第4，较上年度进位4名；"产业经济贡献力"得分85.23分，排名第9，较上年度退位8名；"创新主体竞争力"得分91.49分，排名第2，较上年度排名未发生变化。从总体来看，衡阳市"创新主体竞争力""平台载体驱动力""科技创新供给力"三个维度较全省平均水平有较大领先优势；"成果产出转化力"略高于全省平均水平；"产业经济贡献力"与全省平均水平相当。

衡阳市科技创新实力得分85.28分，排名第4，较上年度排名未发生变化。如图3-8所示，"科技创新供给实力"得分85.59分，排名第4，较上年度排名未发生变化；"成果产出转化实力"得分75.35分，排名第4，较上年度进位1名；"平台载体驱动实力"得分85.32分，排名第6，较上年度退位1名；"产业经济贡献实力"得分87.81分，排名第6，较上年度退位2名；"创新主体竞争实力"得分88.88分，排名第3，较上年度进位1名。从总体来看，衡阳市"创新主体竞争实力""科技创新供给实力"两个维度指标较全省平均水平有较大领先优势；"平台载体驱动实力""产业经济贡献实力"两个维度指标较全省平均水平具有一定优势；"成果产出转化实力"略高于全省平均水平。

衡阳市科技创新效力得分88.97分，排名第2，较上年度退位1名。如图3-8所示，"科技创新供给效力"得分89.24分，排名第3，较上年度退位2名；"成果产出转化效力"得分85.68分，排名第6，较上年度进位6名；"平台载体驱动效力"得分91.24分，排名第3，较上年度进位9名；"产业经济贡献效力"得分81.36分，排名第14，较上年度退位12名；"创新主体竞争效力"得分95.41分，排名第2，较上年度排名不发生变化。从总体来看，衡阳市"创新主体竞争效力""科技创新供给效力"两个维度较全省平均水平有一定领先优势；"平台载体驱动效力""产业经济贡献效力"两个维度较全省平均水平有一定差距；"成果产出转化效力"与全省平均水平一定优势。

衡阳市在2021年度科技创新能力综合评价的96项实力、效力三级指标中，有5项指标排名第1，有6项指标排名第2，共计72项指标排名居全省前7，其中有58.33%的指标为总量、占比等实力指标，包括"规模以上工业企业研发（R&D）经费占营业收入的比重""基础研究经费占全社会研发（R&D）经费支出的比重""高校基础研究占研发（R&D）经费支出比重""基础研究经费支出""发表科研论文"等。有13项指标排名居全省第11～14，其中有92.31%的指标为增速、增量等效力指标，包括"高新技术产品出口额占货物出口总额的比重增量""万元地区生产总值能耗下降率增量""规模以上工业企业有研发（R&D）活动的单位占比增量""高新技术产品出口额增速""科技服务业产业增加值占地区生产总值（GDP）的比重增量"等。

评价结果显示（表3-4）：衡阳市在高新技术企业等科技型企业培育、规上工业企业研发、研发平台与创新载体、科技服务业发展等方面表现突出；在研发税收优惠、创新创业参与、技术市场交易、科技园区发展等方面发展较好；在战略性新兴产业发展、高新技术产业、开放发展等方面有待加强。

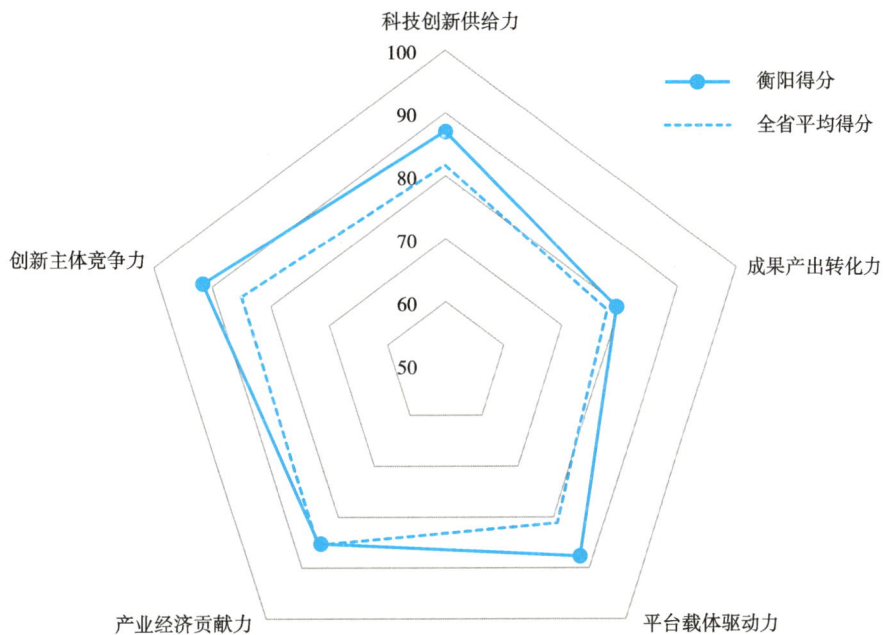

图 3-7　衡阳市科技创新能力雷达图

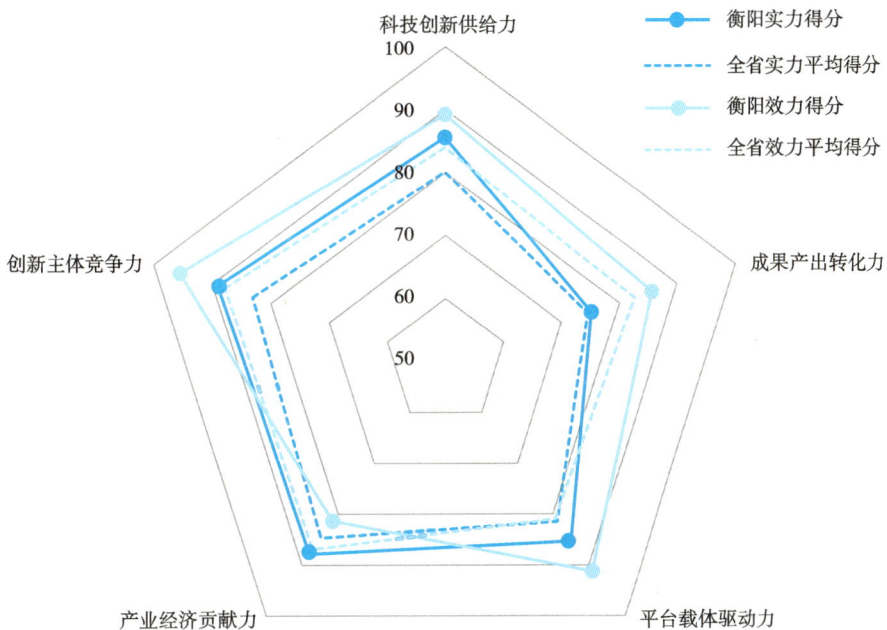

图 3-8　衡阳市科技创新实力、效力雷达图

根据此次评价结果，建议衡阳市全方位衔接粤港澳大湾区，沿交通要道布局承接产业梯次转移，围绕"一核两电三色四新"十大主导产业，做大做强创新型产业集群；强化产业园区在地方经济发展的贡献，推动园区发展提速，奋力把产业园区打造成全市经济腾飞的核心增长极，围绕园区生产、生活、生态"三生融合"目标，推进园区规划形态、园区业态、产业生态"三态协同"发展，继续实施"六大行动"，全面创建"五好"园区。持续加大科技创新投入，支持各类创新要素向企业集聚，鼓励企业、高校、科研院所共同开展重大科技攻关，建设高水平产学研深度合作共同体；培育创新型企业，引导企业建立研发中心，进一步提升自主创新与研发能力，围绕"三个工程"，加快推进企业上市；构建策源型创业支持体系，加速创新创业企业孵化，为初创中小型创新企业提供全生命周期支持服务。坚持促进创新链与产业链深度融合，围绕建设"数字经济先行区、科技创新引领区、创新人才集聚区、产城融合示范区"，继续加强打造"10.10 数字经济日"、数字经济高峰论坛等全国性品牌活动，进一步提升开放创新能力，加速衡州大道数字经济走廊建设。

表 3-4 衡阳市科技创新能力评价结果

指标名称	科技创新能力		实力（60%）		效力（40%）	
	得分	排名	得分	排名	得分	排名
总得分	86.76	4	85.28	4	88.97	2↓
一、科技创新供给力	87.05	5↓	85.59	4	89.24	3↓
全社会研发（R&D）经费投入	86.82	6↓	87.67	6↓	85.55	6↓
全社会研发（R&D）人员投入	89.52	6↓	89.59	5↓	89.43	6↓
基础研究经费投入	88.53	3↓	88.94	2	87.91	3↓
地方财政科技投入	84.22	5↓	76.82	7	95.31	3
二、成果产出转化力	79.48	4↑	75.35	4↑	85.68	6↑
发明专利	79.10	6	77.13	7↓	82.07	6↑
高价值专利	75.70	7	72.92	7↑	79.88	6
技术市场	81.58	5↑	75.48	5	90.72	5↑
科技成果奖励	69.17	6↑	62.83	6↓	78.70	10↓
科研论文	93.33	3↑	92.45	3↑	94.60	7↑
三、平台载体驱动力	87.69	4↑	85.32	6↓	91.24	3↑

续表3-4

指标名称	科技创新能力		实力（60%）		效力（40%）	
	得分	排名	得分	排名	得分	排名
园区发展	84.17	5↑	88.95	6	77.01	6↑
研发平台与创新载体	90.34	2	83.91	3↑	100.00	1↑
园区覆盖率	83.23	5↑	85.92	9↓	79.18	4↑
四、产业经济贡献力	85.23	9↓	87.81	6↓	81.36	14↓
战略性新兴产业	80.92	13↓	82.45	12↓	78.62	11↓
高新技术产业	86.48	10↓	88.56	9	83.35	11↓
科技服务业	81.53	2↑	84.78	3	76.65	9↓
开放发展	79.99	10↓	84.26	5↓	73.59	13↓
绿色发展	86.88	8↓	90.79	4↓	81.01	12↓
园区绩效	94.63	4↓	94.78	6	94.42	9↓
五、创新主体竞争力	91.49	2	88.88	3↑	95.41	2
高新技术企业	90.97	1↑	88.27	5	95.03	2
科企、上市培育企业	92.24	2	87.98	4	98.64	1↑
规上工业企业研发	95.37	1↑	99.06	1↑	89.83	10↓
高校院所基础研究	93.02	4↓	91.22	3	95.73	6↓
研发税收优惠	89.97	4↑	85.35	4↑	96.88	6↑
创新创业参与	88.92	2↑	84.96	5	94.85	5↑

五、邵阳市

邵阳市高质量推进"二中心一枢纽"建设，抢抓湘南湘西承接产业转移示范区建设契机，积极对接粤港澳大湾区、长三角、东盟等地区，着力推进制造强市"一二三工程"行动，加快构建"一核一带多点"产业协调发展格局，推动沪昆百里工业走廊提质增效。围绕优势产业链做优做强和传统产业提质升级，2021年全市先进装备制造、显示功能材料、智能家居家电等七大工业新兴优势产业链产值占制造业总产值的73%。深入开展"五好"园区创建，邵阳经开区成功晋升国家级经开区。构建后备企业梯度培育体系，上市企业实现零

91

的突破，邵阳液压成功登陆深交所。2021年，邵阳市在"奋力打造国家重要先进制造业高地，促进制造业高质量发展成效明显""着力打造具有核心竞争力的科技创新高地，科技投入产出指标总量和增量年度综合排名全省前列"等方面获省政府真抓实干表扬激励，科技创新驱动产业转型与高质量发展取得成效。

邵阳市科技创新能力综合得分81.98分，排名第9，较上年度进位2名。如3-9图所示，"科技创新供给力"得分78.81分，排名第10，较上年度退位4名；"成果产出转化力"得分72.21分，排名第12，较上年度进位1名；"平台载体驱动力"得分83.37分，排名第6，较上年度进位5名；"产业经济贡献力"得分84.54分，排名第11，较上年度退位1名；"创新主体竞争力"得分88.13分，排名第4，较上年度进位2名。从总体来看，邵阳市"创新主体竞争力"较全省平均水平具有一定优势；"平台载体驱动力"略高于全省平均水平；"产业经济贡献力"与全省平均水平相当；"科技创新供给力"略低于全省平均水平；"成果产出转化力"较全省平均水平差距较为明显。

邵阳市科技创新实力得分77.66分，排名第12，较上年度排名未发生变化。如图3-10所示，"科技创新供给实力"得分74.47分，排名第12，较上年度排名未发生变化；"成果产出转化实力"得分66.98分，排名第12，较上年度排名未发生变化；"平台载体驱动实力"得分79.96分，排名第9，较上年度进位3名；"产业经济贡献实力"得分81.48分，排名第11，较上年度排名未发生变化；"创新主体竞争实力"得分82.83分，排名第10，较上年度进位2名。从总体来看，邵阳市"创新主体竞争实力"与全省平均水平相当；"平台载体驱动实力"略低于全省平均水平；"产业经济贡献实力"与全省平均水平有一定差距；"科技创新供给实力""成果产出转化实力"两个维度较全省平均水平差距较为明显。

邵阳市科技创新效力得分88.46分，排名第3，较上年度排名未发生变化。如图3-10所示，"科技创新供给效力"得分85.33分，排名第6，较上年度退位3名；"成果产出转化效力"得分80.06分，排名第10，较上年度进位4名；"平台载体驱动效力"得分88.48分，排名第4，较上年度进位4名；"产业经济贡献效力"得分89.14分，排名第4，较上年度进位1名；"创新主体竞争效力"得分96.08分，排名第1，较上年度排名不发生变化。从总体来看，邵阳市"创新主体竞争效力""平台载体驱动效力"两个维度较全省平均水平有较大领先优势；"产业经济贡献效力""科技创新供给效力"两个维度略高于全省平均水平；"成果产出转化效力"略低于全省平均水平。

邵阳市在2021年度科技创新能力综合评价的96项实力、效力三级指标中，有3项指标排名第1，有10项指标排名第2，共计39项指标排名居全省前7，其中有69.23%的指标为增速、增量等效力指标，包括"高新技术企业数量增速""科技型中小企业数量增速""企业研发加计扣除减免税额增速""全社会研发（R&D）经费支出增速""全社会研发（R&D）经费支出占

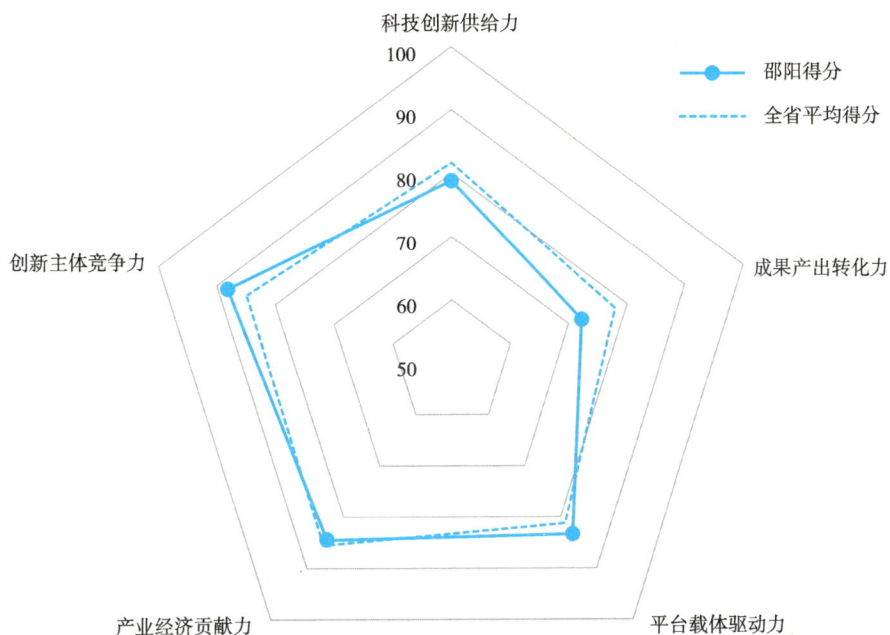

图 3-9　邵阳市科技创新能力雷达图

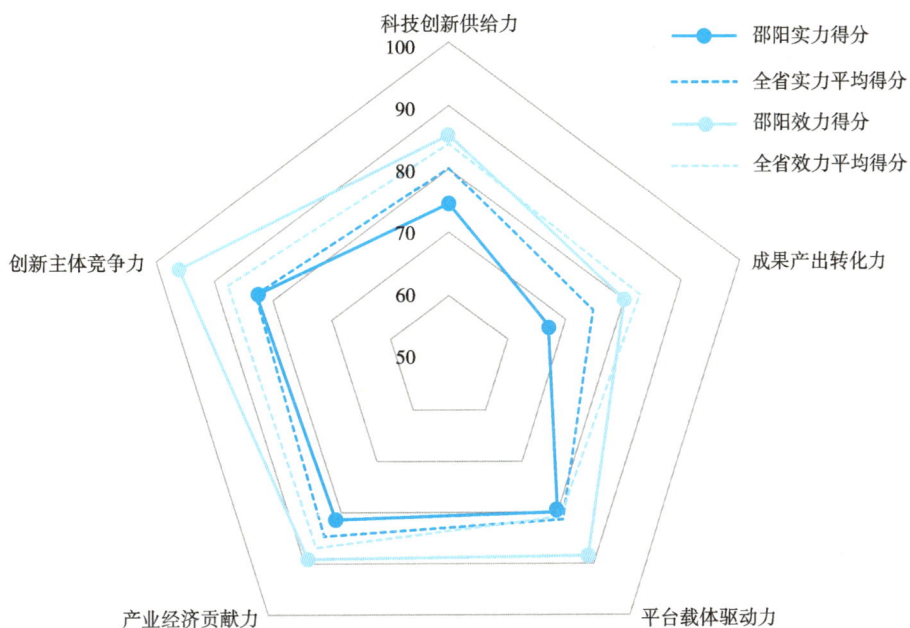

图 3-10　邵阳市科技创新实力、效力雷达图

地区生产总值(GDP)的比重增量"等。有 31 项指标排名居全省第 11～14,其中有 64.52% 的指标为总量、占比等实力指标,包括"高新技术产品出口额占货物出口总额的比重""每万研发人员中省级及以上科技成果奖励当量""每万人高价值发明专利拥有量""每万人有效发明专利拥有量""省级及以上高新区生产总值占地区生产总值(GDP)的比重"等。

评价结果显示(表 3-5):邵阳市在研发(R&D)投入、高新技术企业培育、战略性新兴产业发展等方面表现突出;在研发平台与创新载体建设、创新创业活力、科技服务业等方面表现较好;在地方财政投入、专利成果产出、开放发展、园区高质量发展等方面有待加强。

根据此次评价结果,建议邵阳市全面落实"三高四新"美好蓝图,积极对接湖南自贸区、粤港澳大湾区、东盟等地区,主动融入西部陆海新通道建设,大力实施制造强市"123"工程,构建"一核一带多点"产业发展格局,打造湘南湘西承接产业转移和特色优势产业集聚区。加大财政投入力度,强化财政资金的引导作用,支持湖南特种玻璃研究院、邵阳先进制造技术研究院、邵东智能制造技术研究院等重点研发机构建设,鼓励企业与高校院所开展产学研合作,强化新产品与高附加值产品的研发;完善科技型中小企业、高新技术企业、领军企业梯次培育体系,通过分类指导、差异扶持等方式,推动更多创新主体增量提质,建立上市后备企业绿色服务通道,推动优质科技型企业挂牌上市;推动知识产权发展与产业创新发展有机结合,引导和支持企业将知识产权优势转化为邵阳产业转型优势;加速潇湘科技要素大市场分市场(工作站)建设,打造"技术研发—成果转化—产业落地"的全链条创新产业体系;推进"五好"园区建设,充分发挥邵阳经开区产业引领作用,积极创建高新区、农业科技园区,构建以园区为核心载体的现代化产业发展体系。

表 3-5 邵阳市科技创新能力评价结果

指标名称	科技创新能力		实力(60%)		效力(40%)	
	得分	排名	得分	排名	得分	排名
总得分	81.98	9↑	77.66	12	88.46	3
一、科技创新供给力	78.81	10↓	74.47	12	85.33	6↓
全社会研发(R&D)经费投入	89.36	4↑	86.11	7↑	94.24	2
全社会研发(R&D)人员投入	88.78	7↑	85.15	11↑	94.23	3
基础研究经费投入	57.40	14↓	57.98	13↓	56.52	14↓
地方财政科技投入	73.19	13↓	62.80	13↓	88.78	8↑

续表3-5

指标名称	科技创新能力		实力（60%）		效力（40%）	
	得分	排名	得分	排名	得分	排名
二、成果产出转化力	72.21	12↑	66.98	12	80.06	10↑
发明专利	70.48	11	65.90	13	77.36	8↓
高价值专利	67.50	12	63.39	13	73.68	10↑
技术市场	73.16	10↑	67.81	11↓	81.17	10↑
科技成果奖励	65.70	11↓	56.34	13↓	79.74	7↓
科研论文	87.85	11↓	84.94	11↓	92.21	11↓
三、平台载体驱动力	83.37	6↑	79.96	9↑	88.48	4↑
园区发展	87.78	4↑	88.95	6↑	86.02	4↑
研发平台与创新载体	84.13	6↓	78.62	7	92.39	5↓
园区覆盖率	76.68	9↑	75.01	12↑	79.18	4↑
四、产业经济贡献力	84.54	11↓	81.48	11	89.14	4↑
战略性新兴产业	92.18	4↑	91.00	7↑	93.96	3↑
高新技术产业	92.84	5↑	90.38	7	96.53	4↑
科技服务业	75.16	10↓	69.13	10	84.20	2↑
开放发展	73.05	13↑	59.64	13↑	93.15	8↓
绿色发展	84.58	11↓	91.98	3↓	73.47	14↓
园区绩效	86.68	13↓	80.26	13	96.31	2↓
五、创新主体竞争力	88.13	4↑	82.83	10↑	96.08	1
高新技术企业	90.81	2↑	85.59	8↑	98.65	1↑
科企、上市培育企业	87.75	7↓	85.12	7	91.70	5↓
规上工业企业研发	87.85	5↑	82.20	5↑	96.32	3↓
高校院所基础研究	81.97	12↓	75.18	12↓	92.15	12↓
研发税收优惠	87.60	8↑	80.51	11	98.23	2↑
创新创业参与	84.19	8↑	76.40	8↑	95.87	3↑

六、岳阳市

岳阳市坚持以开放崛起为路径，聚力构建高质量内外循环体系，加快建设"三区一中心"，全面贯彻新发展理念，加快"赶"的步伐，加大"转"的力度，全力打造湖南高质量发展增长极。实施"一链一策"，围绕"12+1"优势产业链开展以商招商、以链招商和"迎老乡回故乡建家乡"活动，产业链招商成效显著。出台"人才新政45条"，设立1亿元人才发展专项资金，完善创新人才（团队）激励机制，探索科研项目"揭榜挂帅"机制。通过"一项目一专班"精准对接系列高质量项目，"空天装备新材料开发及构件流变制造项目"纳入省"十大技术攻关项目"；特种密封湖南省重点实验室成功组建、军民科技协同创新岳阳分平台启动建设，岳阳经开区获批国家小型微型企业创业创新示范基地，新港区获批国家先进装备制造高新技术产业化基地，创新平台建设助力岳阳上榜全国先进制造业百强市。

岳阳市科技创新能力综合得分86.51分，排名第5，较上年度排名未发生变化。如图3-11所示，"科技创新供给力"得分87.21分，排名第4，较上年度进位3名；"成果产出转化力"得分77.86分，排名第5，较上年度进位3名；"平台载体驱动力"得分89.75分，排名第2，较上年度进位1名；"产业经济贡献力"得分90.96分，排名第1，较上年度进位3名；"创新主体竞争力"得分85.51分，排名第8，较上年度进位4名。从总体来看，岳阳市"平台载体驱动力""科技创新供给力""产业经济贡献力"三个维度较全省平均水平有较大领先优势；"创新主体竞争力""成果产出转化力"两个维度与全省平均水平相当。

岳阳市科技创新实力得分84.19分，排名第5，较上年度排名未发生变化。如图3-12所示，"科技创新供给实力"得分85.24分，排名第5，较上年度排名无变化；"成果产出转化实力"得分72.05分，排名第7，较上年度进位1名；"平台载体驱动实力"得分87.71分，排名第3，较上年度排名无变化；"产业经济贡献实力"得分91.81分，排名第2，较上年度排名无变化；"创新主体竞争实力"得分82.22分，排名第11，较上年度排名无变化。从总体来看，岳阳市"产业经济贡献实力""平台载体驱动实力""科技创新供给实力"三个维度较全省平均水平有较大领先优势；"创新主体竞争实力"与全省平均水平相当；"成果产出转化实力"略低于全省平均水平。

岳阳市科技创新效力得分89.99分，排名第1，较上年度进位9名。如图3-12所示，"科技创新供给效力"得分90.15分，排名第2，较上年度进位10名；"成果产出转化效力"得分86.58分，排名第5，较上年度进位4名；"平台载体驱动效力"得分92.81分，排名第2，较上年度进位4名；"产业经济贡献效力"得分89.67分，排名第2，较上年度进位2名；

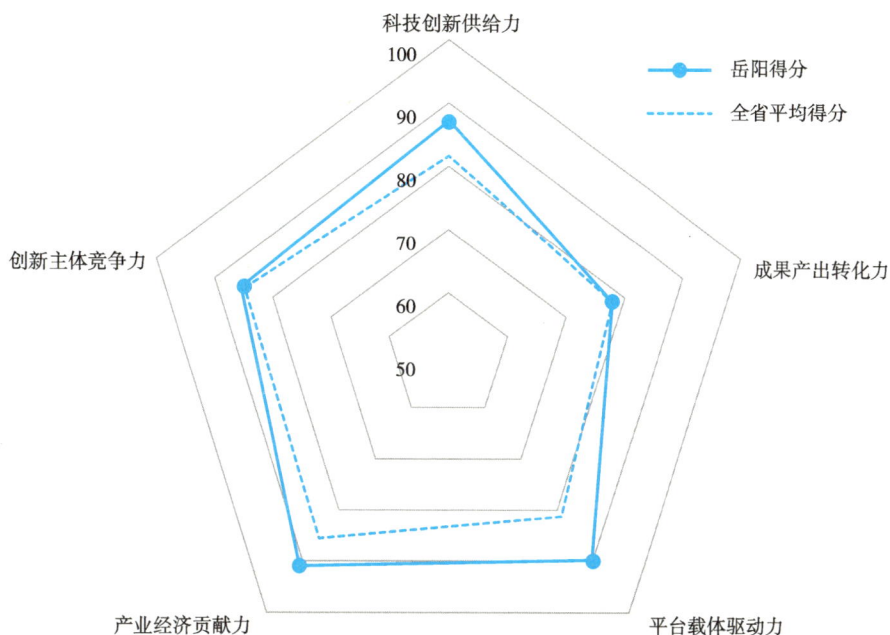

图 3-11　岳阳市科技创新能力雷达图

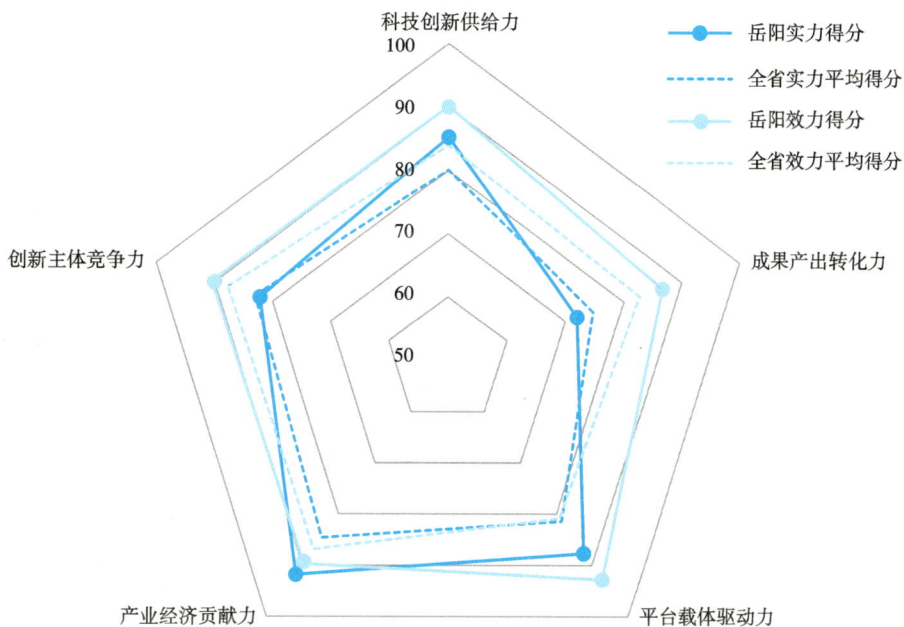

图 3-12　岳阳市科技创新实力、效力雷达图

97

"创新主体竞争效力"得分90.45分，排名第5，较上年度进位4名。从总体来看，岳阳市"平台载体驱动效力""科技创新供给效力"两个维度较全省平均水平有较大领先优势；"成果产出转化效力"较全省平均水平具有一定优势，"产业经济贡献效力""创新主体竞争效力"两个维度略高于全省平均水平。

岳阳市在2021年度科技创新能力综合评价的96项实力、效力三级指标中，有9项指标排名第1，有6项指标排名第2，共计66项指标排名居全省前7，其中有53.03%的指标为总量、占比等实力指标，包括"省级及以上科技园区数量""省级及以上科技园区占园区比重""省级及以上高新区县市区覆盖率""省级及以上高新区生产总值占地区生产总值（GDP）的比重""高新技术产业增加值"等。有14项指标排名居全省第11～14，其中有64.29%的指标为增速、增量等效力指标，包括"科研机构基础研究占研发（R&D）经费支出比重增量""科技服务业产业增加值占地区生产总值（GDP）的比重增量""有效发明专利拥有量增速""科技服务业产业增加值增速""基础研究经费支出增速"等。

评价结果显示（表3-6）：岳阳市在研发（R&D）经费投入、地方财政科技投入、科技园区发展、战略性新兴产业发展、高新技术产业发展、开放发展等方面表现突出；在研发（R&D）人员投入、基础研究总体投入、高质量知识产权产出、科技型企业的培育、研发税收优惠政策落实等方面表现较好；在成果奖励产出、创新创业等方面有待加强。

根据此次评价结果，建议岳阳市全面落实"三高四新"美好蓝图，加快建设现代化省域副中心城市，全力打造湖南高质量发展增长极。推动研发平台与创新载体专业化、特色化发展，加快创建国家农业高新技术产业示范区、国家技术创新中心等国家级创新平台，扎实推进洞庭实验室、湘江实验室区域创新中心、岳麓山种业创新中心洞庭湖区域中心建设，加大专业化众创空间、科技企业孵化器的建设指导和服务力度，提升研发平台与创新载体的质效。促进产学研合作，用好用活"人才新政45条"，加强科研攻关和人才队伍建设，产出一批高水平科技成果。坚持产业链与创新链融合发展，推动经济发展从抓项目向抓产业链、抓创新链、抓产业创新生态递进，着力打造七大千亿产业和"12+1"优势产业链，加快建设中部地区先进制造业聚集区。实施"领军企业倍增计划"，以工业"四基"领域和现代信息产业领域为重点，实施一批产业基础再造项目，培优壮大创新主体。加快构建消费新场景新业态，大力培育研发设计、基础检测等科技服务机构，推动服务业发展。推进要素市场化配置改革和一流营商环境建设，优化创新生态，促进科技成果转化，激发创新活力。

表 3-6　岳阳市科技创新能力评价结果

指标名称	科技创新能力		实力（60%）		效力（40%）	
	得分	排名	得分	排名	得分	排名
总得分	86.51	5	84.19	5	89.99	1↑
一、科技创新供给力	87.21	4↑	85.24	5	90.15	2↑
全社会研发（R&D）经费投入	91.04	3↑	90.69	4↑	91.56	3↑
全社会研发（R&D）人员投入	93.15	4↑	90.18	4↑	97.59	1↑
基础研究经费投入	73.50	7↓	73.08	6↓	74.13	13↓
地方财政科技投入	88.06	2↑	83.39	4↑	95.05	5↑
二、成果产出转化力	77.86	5↑	72.05	7↑	86.58	5↑
发明专利	77.15	7↓	77.56	5	76.54	9↓
高价值专利	75.80	6↓	73.94	5	78.57	7↓
技术市场	84.13	4↑	76.07	4↑	96.22	1↑
科技成果奖励	65.60	12↓	57.39	12↓	77.91	11↓
科研论文	79.74	13	69.36	14↓	95.30	5↑
三、平台载体驱动力	89.75	2↑	87.71	3	92.81	2↑
园区发展	96.29	2	100.00	1	90.73	3↑
研发平台与创新载体	84.75	4↑	80.52	6	91.10	6↑
园区覆盖率	98.18	1↑	96.97	2↑	100.00	1↑
四、产业经济贡献力	90.96	1↑	91.81	2	89.67	2↑
战略性新兴产业	96.02	2↑	94.22	3↑	98.72	1↑
高新技术产业	95.87	2↑	93.89	4	98.85	1↑
科技服务业	78.23	6↓	86.55	2	65.76	13↓
开放发展	91.73	3	89.49	3↑	95.09	4↓
绿色发展	86.82	9↓	89.53	7↓	82.77	11↓
园区绩效	96.80	1↑	97.28	2	96.09	3↑
五、创新主体竞争力	85.51	8↑	82.22	11	90.45	5↑
高新技术企业	85.25	9↓	86.62	6↑	83.20	7↓
科企、上市培育企业	89.29	4↑	87.06	6↓	92.63	4↑

续表3-6

指标名称	科技创新能力		实力（60%）		效力（40%）	
	得分	排名	得分	排名	得分	排名
规上工业企业研发	86.51	6↑	79.12	9↑	97.59	2↑
高校院所基础研究	74.87	13↓	71.42	13↓	80.04	13↓
研发税收优惠	88.79	6↑	83.72	6↑	96.40	7↑
创新创业参与	75.46	13↓	66.95	13↓	88.23	9↑

七、常德市

2021年，常德市紧扣高质量发展总要求，扎实推动市委"一二三四"工作部署，深入推进开放强市产业立市，加快推进国家创新型城市建设，强化科技创新政策引导，构建以先进制造业为核心的现代产业体系，国家生物酶制剂特色产业示范基地和国家现代装备智造高新技术产业化基地快速推进；深入开展高新区"以升促建"，石门经开区由省政府批复为省级高新区，常德高新区入围科技部第二批企业创新积分制试点名单，组建全市星创天地战略联盟；围绕21条重点产业链，梳理形成"卡脖子"技术清单，通过组织开展科技重大项目、"揭榜挂帅"项目实施关键核心技术攻关。常德市建立科技型企业梯度培育库，开展针对性辅导与管理服务，高新技术企业、科技型中小企业实现快速增长；积极深化科技金融融合发展，推出了"政府（风险池资金）+保险+银行"的信贷模式，为企业提供科技贷款担保；积极对接省"芙蓉人才行动计划"，依托"三名工程""教授博士沅澧行"等科创品牌活动，加强"高、专、尖、缺、外"人才引育，探索柔性引智机制，重点引进国内知名院校专家团队在常联合成立产业协同研究院。

常德市科技创新能力综合得分83.29分，排名第6，较上年度排名未发生变化。如图3-13所示，"科技创新供给力"得分78.27分，排名第11，较上年度退位1名；"成果产出转化力"得分74.12分，排名第10，较上年度退位6名；"平台载体驱动力"得分90.10分，排名第1，较上年度进位3名；"产业经济贡献力"得分86.09分，排名第8，较上年度退位2名；"创新主体竞争力"得分87.48分，排名第5，较上年度进位3名。从总体来看，常德市"平台载体驱动力"较全省平均水平有较大领先优势；"创新主体竞争力"略高于全省平均水平；"产业经济贡献力"与全省平均水平相当；"科技创新供给力""成果产出转化力"两个维度与全省平均水平有一定差距。

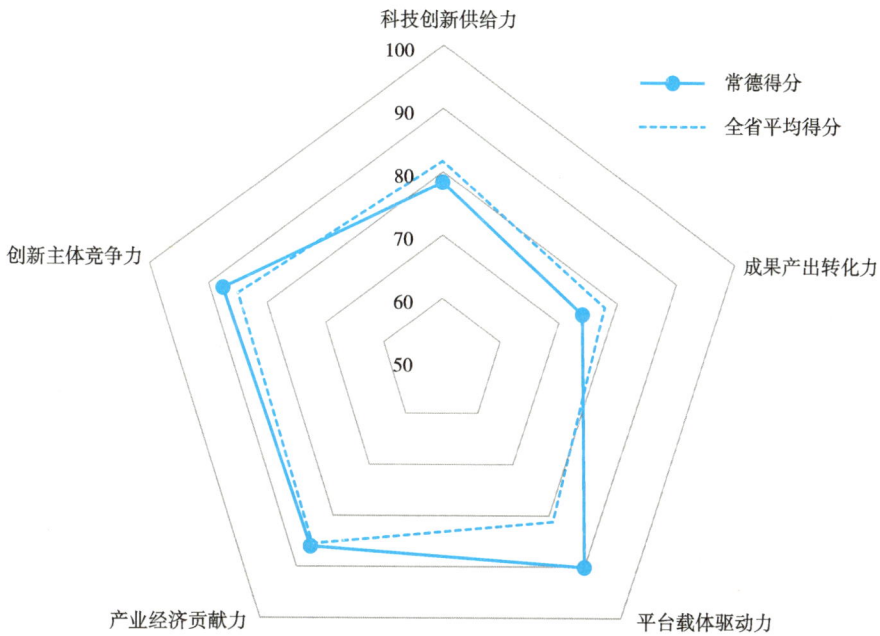

图 3-13 常德市科技创新能力雷达图

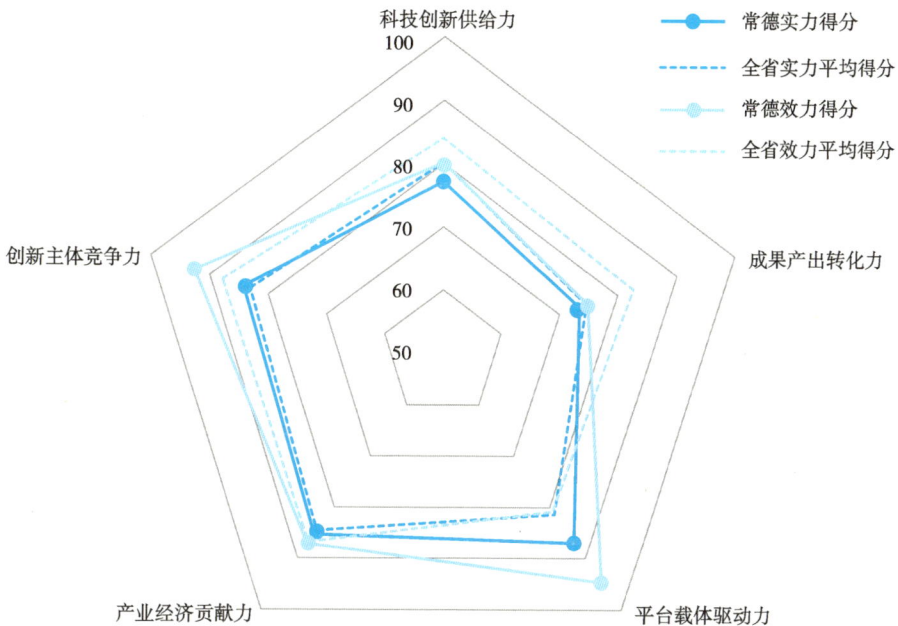

图 3-14 常德市科技创新实力、效力雷达图

常德市科技创新实力得分81.45分，排名第6，较上年度进位1名。如图3-14所示，"科技创新供给实力"得分77.06分，排名第10，较上年度退位2名；"成果产出转化实力"得分73.54分，排名第5，较上年度退位1名；"平台载体驱动实力"得分87.00分，排名第4，较上年度排名未发生变化；"产业经济贡献实力"得分85.37分，排名第9，较上年度退位1名；"创新主体竞争实力"得分84.12分，排名第6，较上年度进位1名。从总体来看，常德市"平台载体驱动实力"较全省平均水平有较大领先优势；"创新主体竞争实力"略高于全省平均水平；"产业经济贡献实力"与全省平均水平相当；"成果产出转化实力"略低于全省平均水平；"科技创新供给实力"与全省平均水平有一定差距。

常德市科技创新效力得分86.05分，排名第5，较上年度进位1名。如图3-14所示，"科技创新供给效力"得分80.09分，排名第12，较上年度退位3名；"成果产出转化效力"得分74.98分，排名第13，较上年度退位8名；"平台载体驱动效力"得分94.74分，排名第1，较上年度进位2名；"产业经济贡献效力"得分87.19分，排名第8，较上年度退位2名；"创新主体竞争效力"得分92.53分，排名第3，较上年度进位5名。从总体来看，常德市"平台载体驱动效力"较全省平均水平有较大领先优势；"创新主体竞争效力"较全省平均水平具有一定优势；"产业经济贡献效力"与全省平均水平相当；"科技创新供给效力"与全省平均水平有一定差距；"成果产出转化效力"较全省平均水平差距较为明显。

常德市在2021年度科技创新能力综合评价的96项实力、效力三级指标中，有7项指标排名第1，有5项指标排名第2，共计60项指标排名居全省前7，其中有53.33%的指标为增速、增量等效力指标，包括"高价值发明专利拥有量增速""发表科研论文增速""省级及以上科技园区数量增速""省级及以上科技园区占园区比重增量""省级及以上高新区县市区覆盖率增量"等。有14项指标排名居全省第11~14，其中有50.00%的指标为增速、增量等效力指标，包括"环境质量指数增量""技术合同成交额占地区生产总值（GDP）的比重增量""技术合同成交额增速""地方财政科技支出增速""高校基础研究占研发（R&D）经费支出比重增量"等。

评价结果显示（表3-7）：常德市在园区发展、研发平台与创新载体、创新主体培育等方面表现突出；在专利成果产出、科技服务业发展、创新创业环境等方面表现较好；在研发人员和经费投入、技术市场发展、绿色发展等方面有待加强。

根据此次评价结果，建议常德市全面落实"三高四新"美好蓝图，紧紧围绕"建设区域创新高地"战略，协同推进区域创新发展，加快创新型城市建设。围绕先进装备制造、烟草、数字经济、农产品精深加工四大千亿产业布局，加快部署建设创新链，引导创新资源向优势产业集聚；强化创新平台建设布局，积极融入"4+4科创工程"建设，持续开展市重点实验室等创新平台建设培育工作，争取省级及以上创新平台落户常德；进一步建好科技型企业梯度培育库，分类培育科技型中小企业、高新技术企业、"专精特新"企业，精准引导企业享受研发费用加计扣除、研发财政奖补等优惠政策，激发企业自主创新内生动力、加大创新投入。进一步建设好潇湘科技要素大市场常德分市场，加大新型研发机构培育力度，持续推进"三院三中心"建设，强化产学研合作，推动高水平科技创新成果转化落地。强化省市人才政策配套，积极兑现人才引进优惠政策，探索柔性引才机制引进高水平科技创新人才，助力科技创新发展。

表 3-7　常德市科技创新能力评价结果

指标名称	科技创新能力		实力（60%）		效力（40%）	
	得分	排名	得分	排名	得分	排名
总得分	83.29	6	81.45	6↑	86.05	5↑
一、科技创新供给力	78.27	11↓	77.06	10↓	80.09	12↓
全社会研发（R&D）经费投入	81.03	10↓	82.56	11↓	78.72	9↓
全社会研发（R&D）人员投入	84.61	11↓	86.47	8↓	81.81	12↓
基础研究经费投入	70.72	8	63.83	8↑	81.05	8↓
地方财政科技投入	75.39	11↑	72.42	10↓	79.86	12↑
二、成果产出转化力	74.12	10↓	73.54	5↓	74.98	13↓
发明专利	81.75	4	79.45	4	85.20	4
高价值专利	77.33	5↑	73.78	6↑	82.64	5↑
技术市场	64.92	13↓	71.53	8↑	55.00	14↓
科技成果奖励	68.31	9↑	60.23	9↑	80.43	6↑
科研论文	92.36	4↓	88.41	6	98.29	1
三、平台载体驱动力	90.10	1↑	87.00	4	94.74	1↑
园区发展	97.40	1↑	95.67	2↑	100.00	1↑
研发平台与创新载体	86.25	3↑	82.10	5↓	92.47	4↑
园区覆盖率	94.33	2↑	93.03	4↑	96.27	2↑
四、产业经济贡献力	86.09	8↓	85.37	9↓	87.19	8↓
战略性新兴产业	86.68	7↓	85.06	10	89.11	6↓
高新技术产业	85.45	11↓	85.15	12	85.88	8↓
科技服务业	80.84	4↑	78.91	6	83.73	3↑

续表3-7

指标名称	科技创新能力		实力（60%）		效力（40%）	
	得分	排名	得分	排名	得分	排名
开放发展	86.16	6	81.71	7↓	92.83	9↑
绿色发展	83.64	13↓	88.60	9	76.20	13↓
园区绩效	94.84	2↑	91.76	9	99.46	1↑
五、创新主体竞争力	87.48	5↑	84.12	6↑	92.53	3↑
高新技术企业	85.71	8↑	85.06	10↑	86.70	5↑
科企、上市培育企业	91.54	3↑	88.55	3	96.01	2↑
规上工业企业研发	81.99	9↓	77.47	10↓	88.76	11↓
高校院所基础研究	86.31	11↓	81.27	10↓	93.86	10↓
研发税收优惠	89.85	5↑	83.59	7↑	99.23	1↑
创新创业参与	87.39	4↑	82.02	6	95.44	4↑

八、张家界市

张家界市全面落实"三高四新"美好蓝图，坚持对标提质旅游强市，以促进科技与旅游深度融合、产业高质量发展为主线，加速构建特色鲜明的区域创新体系，为世界一流旅游目的地建设提供了有力的科技支撑。加强顶层设计，科学编制"十四五"科技创新规划，提出基本建成科技支撑产业高质量发展为特色的创新型城市目标。积极开展科技型企业创新主体培育，将高新技术企业申报工作纳入区县绩效考核，全市高新技术企业数增速位居全省前列，创历史新高。促进科技创新与旅游产业的融合渗透，打造旅游产业创新链，推动森林康养、温泉度假、中医康养等产业发展；围绕现代农业、旅游产业、生物医药、新材料与先进制造等四大优势产业，加强科技创新平台、科技创新基地和应用场景一体化布局，产品品牌影响力不断扩大，特色产业稳步发展。张家界农业科技园获批国家农业科技园区，张家界高新区获批省级高新区，积极筹备申报国家级高新区，潇湘科技要素大市场张家界分市场正式揭牌。持续加强科技特派员、"三区"科技人才工作，建立以企业需求为导向的"揭榜制"企业科技特派员派驻新模式，促进企业与科技人员的精准对接。

张家界市科技创新能力综合得分68.54分，排名第14，较上年度排名未发生变化。如

图 3-15 所示，"科技创新供给力"得分 63.24 分，"创新主体竞争力"得分 71.63 分，两个维度均排名第 14，均较上年度退位 1 名；"成果产出转化力"得分 65.27 分，"平台载体驱动力"得分 67.74 分，"产业经济贡献力"得分 74.34 分，三个维度均排名第 14，均较上年度排名未发生变化。从总体来看，张家界市"产业经济贡献力""创新主体竞争力""平台载体驱动力""成果产出转化力""科技创新供给力"五个维度均较全省平均水平差距较为明显。

张家界市科技创新实力得分 61.40 分，排名第 14，较上年度排名未发生变化。如图 3-16 所示，"科技创新供给实力"得分 56.19 分，"成果产出转化实力"得分 58.72 分，"产业经济贡献实力"得分 65.31 分，三个维度均排名第 14，均较上年度排名未发生变化；"平台载体驱动实力"得分 65.96 分，"创新主体竞争实力"得分 62.36 分，两个维度均排名第 14，均较上年度退位 1 名。从总体来看，张家界市"平台载体驱动实力""成果产出转化实力""产业经济贡献实力""创新主体竞争实力""科技创新供给实力"五个维度均较全省平均水平差距较为明显。

张家界市科技创新效力得分 79.24 分，排名第 14，较上年度退位 2 名。如图 3-16 所示，"科技创新供给效力"得分 73.83 分，排名第 13，较上年度退位 8 名；"成果产出转化效力"得分 75.10 分，排名第 12，较上年度退位 6 名；"平台载体驱动效力"得分 70.41 分，排名第 12，较上年度进位 2 名；"产业经济贡献效力"得分 87.87 分，排名第 7，较上年度进位 6 名；"创新主体竞争效力"得分 85.53 分，排名第 10，较上年度退位 7 名。从总体来看，张家界市"产业经济贡献效力"与全省平均水平相当；"创新主体竞争效力"略低于全省平均水平；"科技创新供给效力""成果产出转化效力""平台载体驱动效力"三个维度较全省平均水平差距较为明显。

张家界市在科技创新能力综合评价的 96 项实力、效力三级指标中，有 3 项指标排名第 1，有 2 项指标排名第 2，共计 27 项指标排名居全省前 7，其中有 81.48% 的指标为增速、增量等效力指标，包括"每万研发人员中省级及以上科技成果奖励当量增量""科技服务业产业增加值增速""科技服务业产业增加值占地区生产总值（GDP）的比重增量""创新创业大赛获奖数量增量""创新创业大赛获奖金额增量"等。有 58 项指标排名居全省第 11~14，其中有 63.79% 的指标为总量、占比等实力指标，包括"每万家企业中享受研发加计扣除企业数""企业研发加计扣除减免税额""高校基础研究占研发（R&D）经费支出比重""科技型中小企业数量""每万家企业法人中高新技术企业数"等。

评价结果显示（表 3-8）：张家界市在科技成果奖励、开放发展、绿色发展、创新创业参与等方面表现较好；在科技服务业、科企及上市培育企业、地方财政科技投入等方面有一定潜力；在研发（R&D）投入、知识产权产出、技术市场活跃度、战略性新兴产业和高新技术产业发展等方面有待加强。

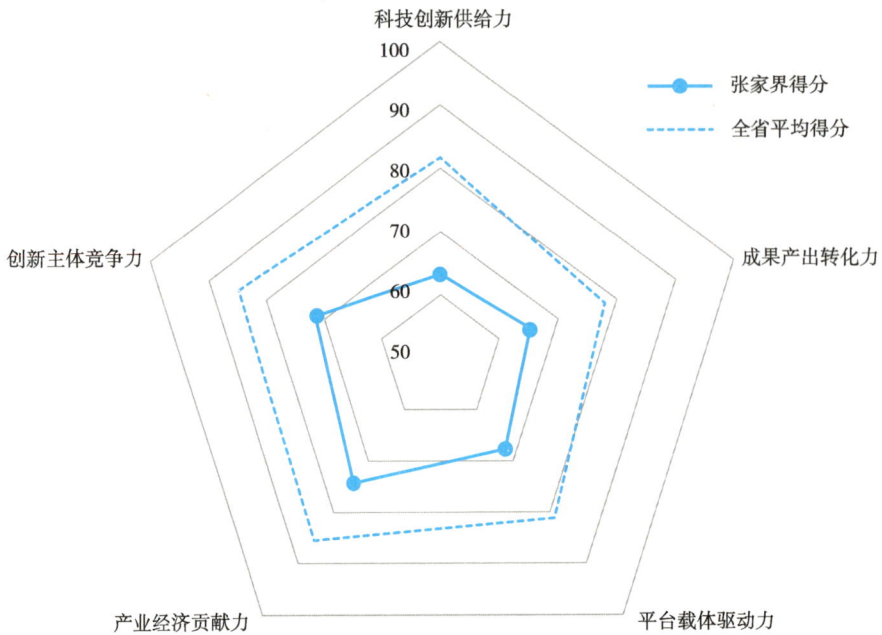

图 3-15　张家界市科技创新能力雷达图

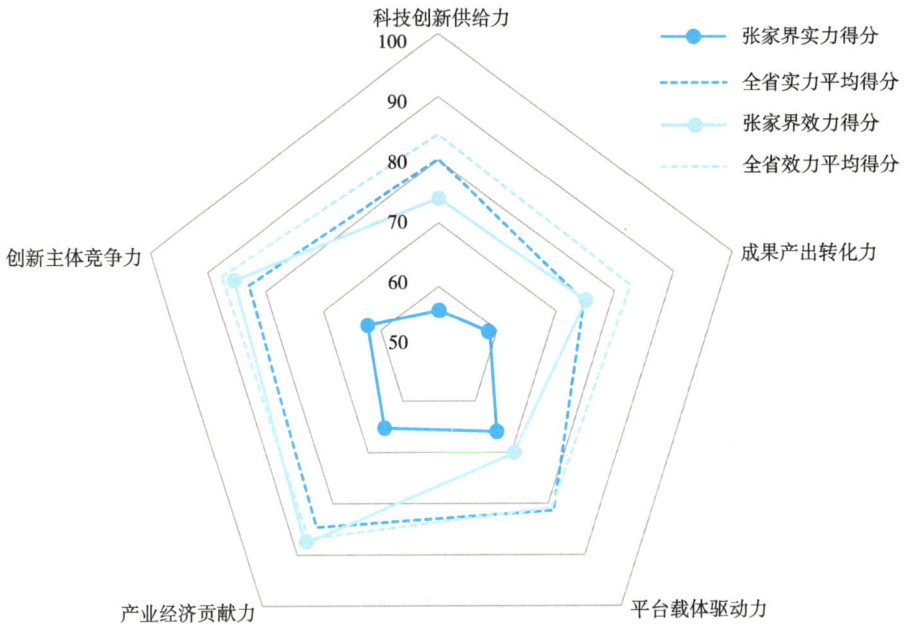

图 3-16　张家界市科技创新实力、效力雷达图

　　根据此次评价结果，建议张家界市围绕"建设国内外知名旅游胜地"总目标，坚持旅游强市、工业强基，充分利用自身资源的特色和优势，夯实基层科技力量，提升科技创新政策竞争力和适应力。强化"科技+旅游"顶层设计，加快智慧旅游平台建设，深层次探索开发张家界科普旅游资源，运用现代科技推动旅游升级，依靠科学普及丰富旅游内涵，积极探索体验式、参与式、研学式旅游模式，使科技创新成为旅游产业转型升级的重要驱动力。加大科技创新投入力度，有效发挥财政资金对科技创新发展的撬动作用，进一步优化科技人才结构，柔性引进高层次创新人才和团队，通过省市联动，创新项目研发的组织模式，推进张家界生物资源提取、加工、旅游产品开发等特色产业技术发展。坚持以升促建，以国家级高新区创建为契机，通过飞地园区、伙伴园区等形式积极对接粤港澳大湾区、长株潭国家自主创新示范区创新资源，加快部署推进战略性新兴产业发展。充分发挥潇湘要素大市场"搭平台、聚资源、链服务、建机制、促转化"作用，以市校战略合作和校企联合创新，构建高度务实的政产学研协同创新机制。

表3-8　张家界市科技创新能力评价结果

指标名称	科技创新能力		实力（60%）		效力（40%）	
	得分	排名	得分	排名	得分	排名
总得分	68.54	14	61.40	14	79.24	14 ↓
一、科技创新供给力	63.24	14 ↓	56.19	14	73.83	13 ↓
全社会研发（R&D）经费投入	60.93	14 ↓	55.00	14	69.82	13 ↓
全社会研发（R&D）人员投入	55.00	14	55.00	14	55.00	14 ↓
基础研究经费投入	67.26	11 ↓	60.94	11 ↓	76.76	11 ↓
地方财政科技投入	69.87	14 ↓	55.00	14	92.17	7 ↓
二、成果产出转化力	65.27	14	58.72	14	75.10	12 ↓
发明专利	60.67	14 ↓	55.88	14	67.86	13 ↓
高价值专利	62.61	13	56.30	14	72.08	12 ↓
技术市场	64.52	14 ↓	56.55	14 ↓	76.47	12 ↓
科技成果奖励	69.02	8 ↑	60.09	10 ↑	82.40	4 ↑
科研论文	72.35	14	70.24	13 ↑	75.51	13 ↓
三、平台载体驱动力	67.74	14	65.96	14 ↓	70.41	12 ↑

续表3-8

指标名称	科技创新能力		实力（60%）		效力（40%）	
	得分	排名	得分	排名	得分	排名
园区发展	75.39	13	78.86	13	70.19	8
研发平台与创新载体	63.25	14	55.00	14	75.61	12↑
园区覆盖率	73.56	11↓	85.93	8↓	55.00	7
四、产业经济贡献力	74.34	14	65.31	14	87.87	7↑
战略性新兴产业	61.42	14	55.00	14	71.04	14↓
高新技术产业	66.21	14	55.00	14	83.03	12↓
科技服务业	78.20	7↑	63.66	11↑	100.00	1↑
开放发展	80.15	9↑	69.74	10↑	95.75	2↑
绿色发展	87.75	5↑	89.01	8↓	85.86	8↓
园区绩效	70.52	14	55.00	14	93.80	10↓
五、创新主体竞争力	71.63	14↓	62.36	14↓	85.53	10↓
高新技术企业	66.95	14	55.00	14	84.87	6↓
科企、上市培育企业	74.88	13↓	62.48	14	93.47	3↓
规上工业企业研发	60.76	14↓	64.61	14↓	55.00	14↓
高校院所基础研究	61.67	14	55.00	14↓	71.68	14
研发税收优惠	69.52	14↓	55.00	14↓	91.31	10↓
创新创业参与	88.57	3↑	82.02	7↑	98.39	2↑

九、益阳市

益阳市全面落实"三高四新"美好蓝图，强化创新、开放"两大主引擎"，充分发挥人才、区位、产业等方面优势，加压奋进，打造具有核心竞争力的科技创新高地成效明显，获2021年度省政府真抓实干激励。强化企业技术创新主体地位，分级建立企业培育库，构建科技型企业梯队，科技型企业数量及质量快速提升，培育优质企业典型经验获省政府办公厅表扬。围绕产业关键共性技术，积极承接一批省"五个100"重大科技创新项目，在同类地区中率先开展市级科技创新计划"揭榜挂帅"项目需求征集，组织实施工业、农业领域

"揭榜挂帅"技术项目 2 项。大力实施《促进科技成果转化实施细则》，在全省同类地区率先设立市级科技成果转化基金，依托潇湘科技要素大市场（益阳）与高校、科研院所共建的技术转移中心增至 7 家。科技体制改革不断提升科技发展格局，创新环境不断优化，5 个项目入围省创新创业大赛总决赛，获二、三等奖各 1 项，创历史最佳。

益阳市科技创新能力综合得分 82.77 分，排名第 8，较上年度进位 1 名。如图 3-17 所示，"科技创新供给力"得分 79.59 分，排名第 8，较上年度进位 4 名；"成果产出转化力"得分 76.88 分，排名第 7，较上年度退位 1 名；"平台载体驱动力"得分 83.10 分，排名第 7，较上年度退位 2 名；"产业经济贡献力"得分 86.58 分，排名第 7，较上年度进位 1 名；"创新主体竞争力"得分 86.22 分，排名第 6，较上年度进位 5 名。从总体来看，益阳市"平台载体驱动力""创新主体竞争力""产业经济贡献力"三个维度略高于全省平均水平；"成果产出转化力""科技创新供给力"两个维度略低于全省平均水平。

益阳市科技创新实力得分 80.51 分，排名第 8，较上年度进位 1 名。如图 3-18 所示，"科技创新供给实力"得分 77.50 分，排名第 8，较上年度进位 1 名；"成果产出转化实力"得分 72.88 分，排名第 6，较上年度排名未发生变化；"平台载体驱动实力"得分 81.87 分，排名第 7，较上年度进位 2 名；"产业经济贡献实力"得分 85.44 分，排名第 8，较上年度退位 1 名；"创新主体竞争实力"得分 83.34 分，排名第 9，较上年度排名未发生变化。从总体来看，益阳市"产业经济贡献实力""平台载体驱动实力""创新主体竞争实力"三个维度与全省平均水平相当；"成果产出转化实力""科技创新供给实力"两个维度略低于全省平均水平。

益阳市科技创新效力得分 86.15 分，排名第 4，较上年度进位 5 名。如图 3-18 所示，"科技创新供给效力"得分 82.73 分，排名第 10，较上年度进位 3 名；"成果产出转化效力"得分 82.88 分，排名第 8，较上年度退位 2 名；"平台载体驱动效力"得分 84.94 分，排名第 5，较上年度退位 4 名；"产业经济贡献效力"得分 88.29 分，排名第 6，较上年度进位 2 名；"创新主体竞争效力"得分 90.54 分，排名第 4，较上年度进位 6 名。从总体来看，益阳市"平台载体驱动效力"较全省平均水平具有一定优势；"创新主体竞争效力""产业经济贡献效力"两个维度略高于全省平均水平；"成果产出转化效力"与全省平均水平相当；"科技创新供给效力"略低于全省平均水平。

益阳市在 2021 年度科技创新能力综合评价的 96 项实力、效力三级指标中，有 1 项指标排名第 1，有 6 项指标排名第 2，共计 48 项指标排名居全省前 7，其中有 52.08% 的指标为总量、占比等实力指标，包括"省级及以上农科园县市区覆盖率""创新创业大赛获奖数量""创新创业大赛获奖金额""每万人高价值发明专利拥有量""万元地区生产总值能耗下降率"等。有 18 项指标排名居全省第 11～14，其中有 50.00% 的指标为增速、增量等效力指标，包括"省级及以上高新区生产总值占地区生产总值（GDP）的比重增量""每家省级及

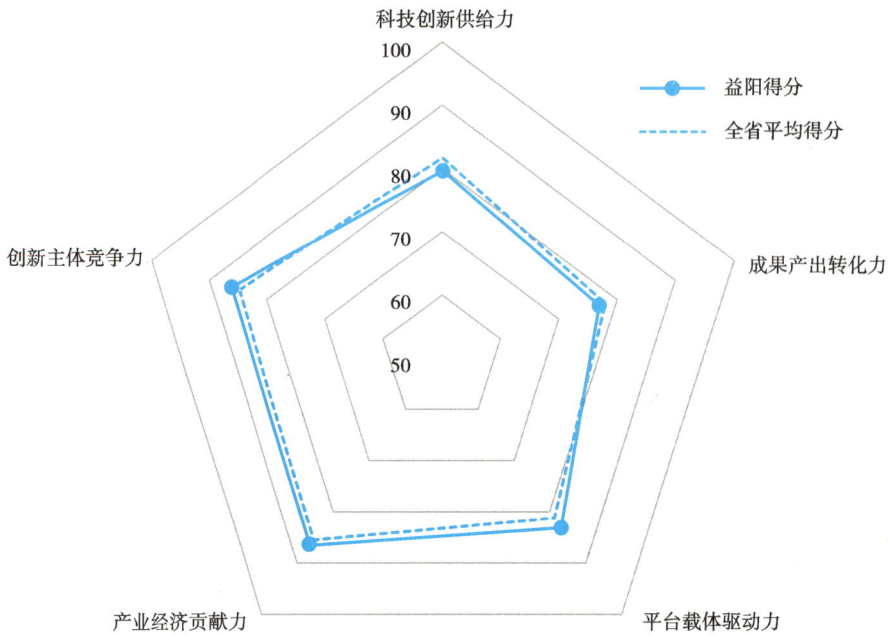

图 3-17　益阳市科技创新能力雷达图

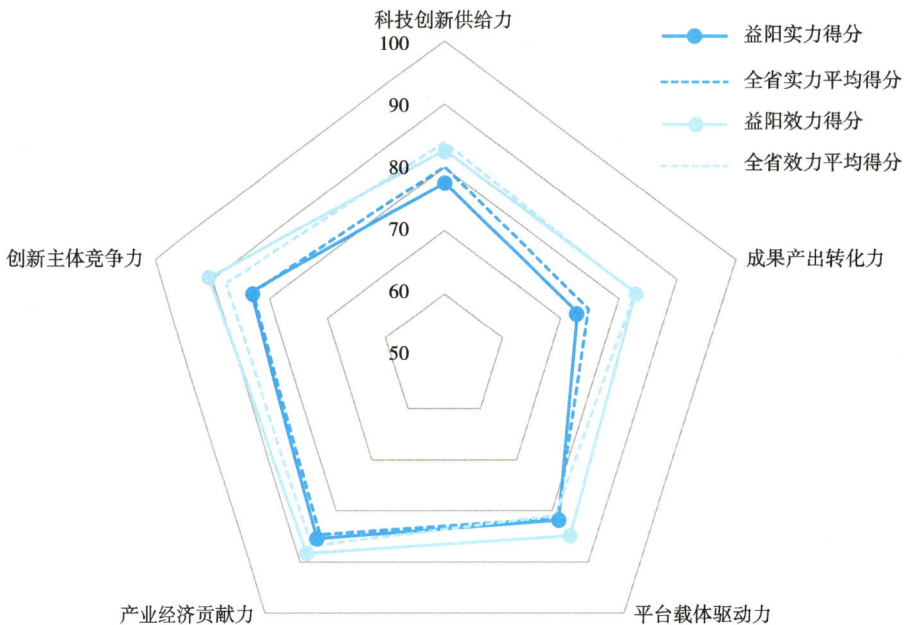

图 3-18　益阳市科技创新实力、效力雷达图

以上高新区技工贸收入增量""科技服务业产业增加值增速""发表科研论文增速""全社会研发(R&D)人员全时当量增速"等。

评价结果显示(表3-9):益阳市在科技型企业培育和发展、绿色发展、成果产出等方面表现突出;在财政科技投入、战略性新兴产业、高校院所基础研究、技术市场、创新创业参与等方面表现较好;在研发(R&D)人员投入、科技服务业产业发展、企业研发投入等方面有待加强。

根据此次评价结果,建议益阳市坚持创新链与产业链、人才链、资金链深度融合,积极推进创新型城市建设。发挥财政科技资金的引导力度,强化研发财政奖补等后补助的激励作用,激发企业持续加大研发投入;围绕先进装备制造、电子信息技术、新材料、新能源、生物与新医药等优势产业,联合国内外知名大学、科研机构布局一批重点实验室、工程技术研究中心等研发平台;鼓励企业与高校院所共建科技创新联合体,深入开展产学研合作,推动科技成果转化;构建科技型企业孵化培育体系,建立企业梯次培育发展库,靶向推动企业树标提质,精准培育一批创新型领军企业。完善引才用才机制,依托院士专家工作站、博士后流动站等柔性引进一批领军人才,落实高层次创新人才激励措施机制,激发创新活力。加强对科技服务业的支持和引导,大力培育研发设计、基础检测等科技服务机构,建设专业化、系统化的知识产权、创业服务、科技金融等科技服务体系,以高水平科技创新支撑和引领益阳高质量发展。

表3-9　益阳市科技创新能力评价结果

指标名称	科技创新能力		实力(60%)		效力(40%)	
	得分	排名	得分	排名	得分	排名
总得分	82.77	8↑	80.51	8↑	86.15	4↑
一、科技创新供给力	79.59	8↑	77.50	8↑	82.73	10↑
全社会研发(R&D)经费投入	80.81	11↑	84.26	10↓	75.63	10↑
全社会研发(R&D)人员投入	85.10	10↓	87.08	7↓	82.13	11
基础研究经费投入	70.15	9↑	61.70	10↑	82.84	6↑
地方财政科技投入	81.03	7↑	73.02	9↑	93.05	6↑
二、成果产出转化力	76.88	7↓	72.88	6	82.88	8↓
发明专利	79.27	5↑	77.16	6↑	82.43	5↑

续表3-9

指标名称	科技创新能力		实力（60%）		效力（40%）	
	得分	排名	得分	排名	得分	排名
高价值专利	78.98	4↑	74.66	4↑	85.46	4↑
技术市场	73.44	9↓	69.01	10↓	80.09	11↓
科技成果奖励	69.71	5↑	63.09	5↑	79.64	8↓
科研论文	88.16	10↓	87.19	7↑	89.62	12↓
三、平台载体驱动力	83.10	7↓	81.87	7↑	84.94	5↓
园区发展	82.65	7↓	83.19	12	81.84	5↓
研发平台与创新载体	83.00	9↓	78.01	8↑	90.48	7↓
园区覆盖率	83.86	4↓	92.14	6↓	71.44	6↓
四、产业经济贡献力	86.58	7↑	85.44	8↓	88.29	6↑
战略性新兴产业	85.82	8↓	88.22	9↓	82.21	9↓
高新技术产业	93.68	4↑	91.90	5↑	96.35	5↑
科技服务业	63.50	14↓	60.66	14	67.75	12↓
开放发展	87.62	5	83.76	6↓	93.42	7
绿色发展	92.28	3↑	89.66	5↑	96.20	3↑
园区绩效	92.31	7↓	94.86	5↓	88.49	12↓
五、创新主体竞争力	86.22	6↑	83.34	9	90.54	4↑
高新技术企业	88.90	5↑	86.60	7↑	92.35	4↑
科企、上市培育企业	87.00	8↑	84.05	8	91.43	7↑
规上工业企业研发	77.95	12↓	69.51	12↓	90.62	8↓
高校院所基础研究	90.29	8↑	85.64	8↑	97.26	4↑
研发税收优惠	88.77	7↓	83.04	9	97.36	5↓
创新创业参与	85.28	5↓	89.79	3	78.50	12↓

十、郴州市

郴州市全面推进国家可持续发展议程创新示范区建设，深入贯彻新发展理念，突出产业实体化、绿色化发展，农业现代化加快推进，"四大百亿产业"不断壮大；"六个制造业基地"建设全面铺开，工业主导地位更加突出；服务业规模、质量和效益快速提升，红色文旅品牌全面创响；全力打好污染防治攻坚战，形成水资源可持续利用与绿色发展"郴州模式"。通过市县联动、部门推动、市校合动、服务主动的"四轮驱动"模式，全社会研发(R&D)经费投入大幅提升，全社会科技创新意识明显增强；实施第一批36个示范区建设项目，突破一批关键核心技术，开发一批新产品、新工艺，产出一批知识产权成果。深入推进改革开放，外贸进出口和实际引进内外资总量均居全省前列，入选中国外贸百强城市。

郴州市科技创新能力综合得分81.53分，排名第10，较上年度进位2名。如图3-19所示，"科技创新供给力"得分84.50分，排名第6，较上年度进位3名；"成果产出转化力"得分75.76分，排名第9，较上年度进位1名；"平台载体驱动力"得分68.46分，排名第13，较上年度排名未发生变化；"产业经济贡献力"得分88.11分，排名第5，较上年度进位4名；"创新主体竞争力"得分84.59分，排名第10，较上年度排名未发生变化。从总体来看，郴州市"科技创新供给力""产业经济贡献力"两个维度略高于全省平均水平；"创新主体竞争力"与全省平均水平相当；"成果产出转化力"略低于全省平均水平；"平台载体驱动力"较全省平均水平差距较为明显。

郴州市科技创新实力得分79.74分，排名第9，较上年度进位2名。如图3-20所示，"科技创新供给实力"得分79.94分，排名第6，较上年度进位4名；"成果产出转化实力"得分71.66分，排名第8，较上年度退位1名；"平台载体驱动实力"得分68.16分，排名第13，较上年度进位1名；"产业经济贡献实力"得分89.65分，排名第4，较上年度进位1名；"创新主体竞争实力"得分83.40分，排名第8，较上年度进位2名。从总体来看，郴州市"产业经济贡献实力"较全省平均水平有较大领先优势；"创新主体竞争实力""科技创新供给实力"两个维度与全省平均水平相当；"成果产出转化实力"与全省平均水平有一定差距；"平台载体驱动实力"较全省平均水平差距较为明显。

郴州市科技创新效力得分84.21分，排名第10，较上年度进位1名。如图3-20所示，"科技创新供给效力"得分91.34分，排名第1，较上年度进位6名；"成果产出转化效力"得分81.91分，排名第9，较上年度进位2名；"平台载体驱动效力"得分68.89分，排名第14，较上年度退位7名；"产业经济贡献效力"得分85.81分，排名第10，较上年度进位

113

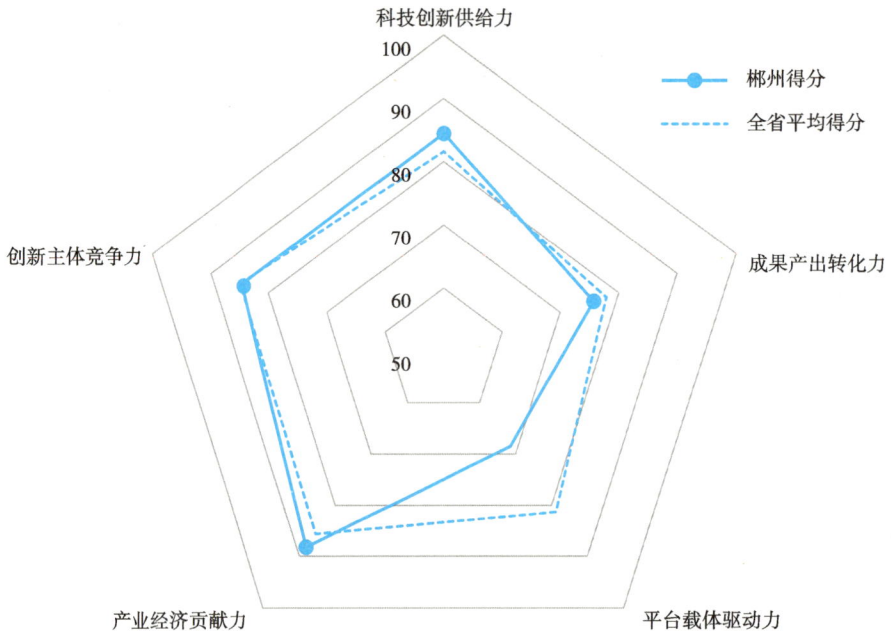

图 3-19　郴州市科技创新能力雷达

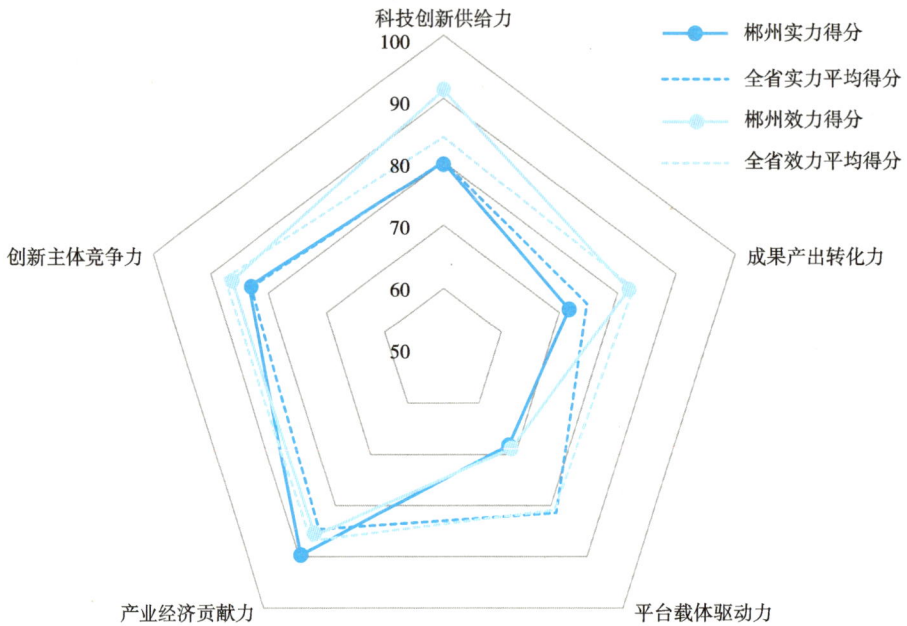

图 3-20　郴州市科技创新实力、效力雷达图

4 名；"创新主体竞争效力"得分 86.37 分，排名第 8，较上年度退位 2 名。从总体来看，郴州市"科技创新供给效力"较全省平均水平有较大领先优势；"成果产出转化效力"与全省平均水平相当；"产业经济贡献效力""创新主体竞争效力"两个维度略低于全省平均水平；"平台载体驱动效力"较全省平均水平差距较为明显。

郴州市在 2021 年度科技创新能力综合评价的 96 项实力、效力三级指标中，有 6 项指标排名第 1，有 2 项指标排名第 2，共计 50 项指标排名居全省前 7，其中有 56.00% 的指标为增速、增量等效力指标，包括"全社会研发（R&D）经费支出占地区生产总值（GDP）的比重增量""高新技术产业增加值增速""规模以上工业企业研发（R&D）经费占营业收入的比重增量""规模以上工业企业有研发（R&D）活动的单位占比增量""科研机构基础研究占研发（R&D）经费支出比重增量"等。有 23 项指标排名居全省第 11～14，其中有 52.17% 的指标为增速、增量等效力指标，包括"企业研发加计扣除减免税额增速""省级及以上高新区生产总值占地区生产总值（GDP）的比重增量""省级及以上创新载体数量增速""每万人高价值发明专利拥有量增量""科技型中小企业数量增速"等。

评价结果显示（表 3-10）：郴州市在研发（R&D）经费投入和研发人员增长、技术市场、绿色发展、规模以上工业企业研发投入等方面表现突出；在高新技术产业、科技型企业培育、科技服务业发展、创新创业参与等方面表现较好；在高质量知识产权产出、研发平台与创新载体建设、战略性新兴产业发展等方面有待加强。

根据此次评价结果，建议郴州市全面落实"三高四新"美好蓝图，深度融入粤港澳大湾区，奋力打造湖南省对接粤港澳大湾区重要增长极，争当湖南打造内陆地区改革开放高地"排头兵"。持续推进打造新材料、电子信息、装备制造、文化旅游 4 个千亿级产业集群，发展新兴产业，推动形成优势特色产业集群。坚持"三生融合""三态协同"，加快园区产业差异化布局、特色化发展、系统性提升，强化主导产业集聚发展，力争早日建成一批千亿园区，打造更具支撑力的"五好"园区。加强可持续发展议程创新示范区创新中心等平台建设，提升科技企业孵化器、众创空间、星创天地服务和孵化能力，推动科技成果产业化。培育壮大战略性新兴产业，加快推动传统资源型产业绿色转型升级，聚焦片区功能定位和主导产业，大力引进和培育创新主体，引导企业进一步加大科技创新投入，加大核心技术攻关力度，建立健全研发和知识产权管理体系，促进创新成果产出，形成一批具有自主知识产权的核心技术和产品。落实落细研发费用加计扣除等科技创新政策，健全金融服务体系，营造良好的营商环境，激发创新活力。

表 3-10 郴州市科技创新能力评价结果

指标名称	科技创新能力		实力（60%）		效力（40%）	
	得分	排名	得分	排名	得分	排名
总得分	81.53	10↑	79.74	9↑	84.21	10↑
一、科技创新供给力	84.50	6↑	79.94	6↑	91.34	1↑
全社会研发（R&D）经费投入	91.74	1↑	88.39	5↑	96.76	1↑
全社会研发（R&D）人员投入	91.42	5↑	88.31	6↑	96.08	2↑
基础研究经费投入	66.39	13↓	56.85	14↓	80.69	10↓
地方财政科技投入	83.33	6	79.89	5↑	88.49	9↓
二、成果产出转化力	75.76	9↑	71.66	8↓	81.91	9↑
发明专利	71.57	10↓	72.68	8	69.91	12
高价值专利	70.58	10↓	71.99	8↓	68.47	13↓
技术市场	79.41	8↑	71.92	7↑	90.65	6↑
科技成果奖励	67.58	10	58.92	11	80.56	5↑
科研论文	89.19	8↑	84.06	12	96.88	2↑
三、平台载体驱动力	68.46	13	68.16	13↑	68.89	14↓
园区发展	65.17	14	64.21	14	66.60	12↓
研发平台与创新载体	72.30	13↓	70.97	12↑	74.29	14↓
园区覆盖率	60.21	14	63.68	14	55.00	7
四、产业经济贡献力	88.11	5↑	89.65	4↑	85.81	10↑
战略性新兴产业	84.93	11↓	93.47	4↓	72.12	13↓
高新技术产业	89.22	9↑	91.88	6↓	85.22	9↑
科技服务业	78.24	5↑	77.76	7	78.96	6↑
开放发展	89.35	4↑	85.17	4↑	95.62	3↑
绿色发展	94.55	2↑	92.50	2↑	97.62	1↑
园区绩效	89.88	9↓	95.41	3	81.60	13↓
五、创新主体竞争力	84.59	10	83.40	8↑	86.37	8↓
高新技术企业	83.51	10↓	84.37	11↓	82.22	9↓
科企、上市培育企业	85.08	9↓	83.90	9↑	86.85	10↓

续表3-10

指标名称	科技创新能力		实力（60%）		效力（40%）	
	得分	排名	得分	排名	得分	排名
规上工业企业研发	92.48	3↑	87.47	4↑	100.00	1↑
高校院所基础研究	93.11	3↑	90.21	6↑	97.46	3
研发税收优惠	79.64	12↓	83.52	8↓	73.81	13↓
创新创业参与	82.96	9	76.40	8↑	92.81	6↑

十一、永州市

永州市全面落实"三高四新"美好蓝图，聚焦"三区两城"发展定位，着力构建"一核两轴三圈"区域经济格局，发挥永州比较优势，主动对接融入长江经济带、粤港澳大湾区、东盟等地区，积极推进实施科技创新"七大计划"，经济运行总体稳定，发展后劲持续增强，实现"十四五"良好开局。聚力产业强市，加快发展先进制造业，全市基本形成生物医药、电子信息、新材料、农产品精深加工、轻纺箱包制鞋、先进装备制造六大制造产业集群。深入推进"五好"园区创建工作，永州经开区成功创建国家级经开区，祁阳高新区获评省"双创"示范基地，江华高新区在年度"五好"园区综合评价中排全省园区第4、省级园区第1；2021年，全市规上工业企业有研发活动的企业占比指标居全省第1。不断优化创新生态，潇湘科技要素大市场江华工作站建成，永州（中国古巴）生物技术联合创新中心揭牌，6项科技成果在全省科技奖励大会上获表彰，在同类市州居前列。

永州市科技创新能力综合得分82.93分，排名第7，较上年度排名未发生变化。如图3-21所示，"科技创新供给力"得分82.07分，排名第7，较上年度进位1名；"成果产出转化力"得分76.12分，排名第8，较上年度退位3名；"平台载体驱动力"得分81.54分，排名第9，较上年度退位3名；"产业经济贡献力"得分86.71分，排名第6，较上年度进位5名；"创新主体竞争力"得分85.71分，排名第7，较上年度退位2名。从总体来看，永州市"产业经济贡献力"略高于全省平均水平；"创新主体竞争力""科技创新供给力""平台载体驱动力"三个维度与全省平均水平相当；"成果产出转化力"略低于全省平均水平。

永州市科技创新实力得分81.02分，排名第7，较上年度进位1名。如图3-22所示，

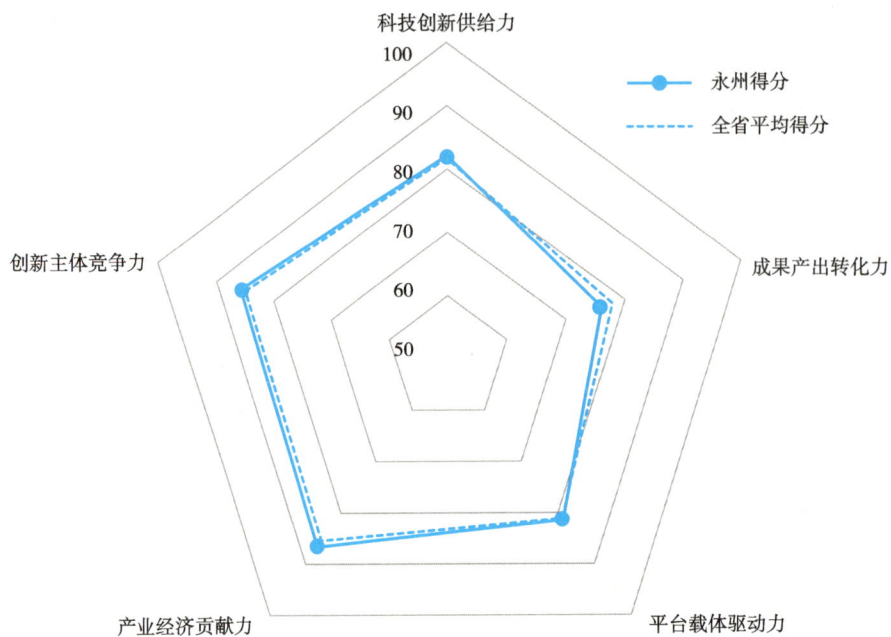

图 3-21　永州市科技创新能力雷达图

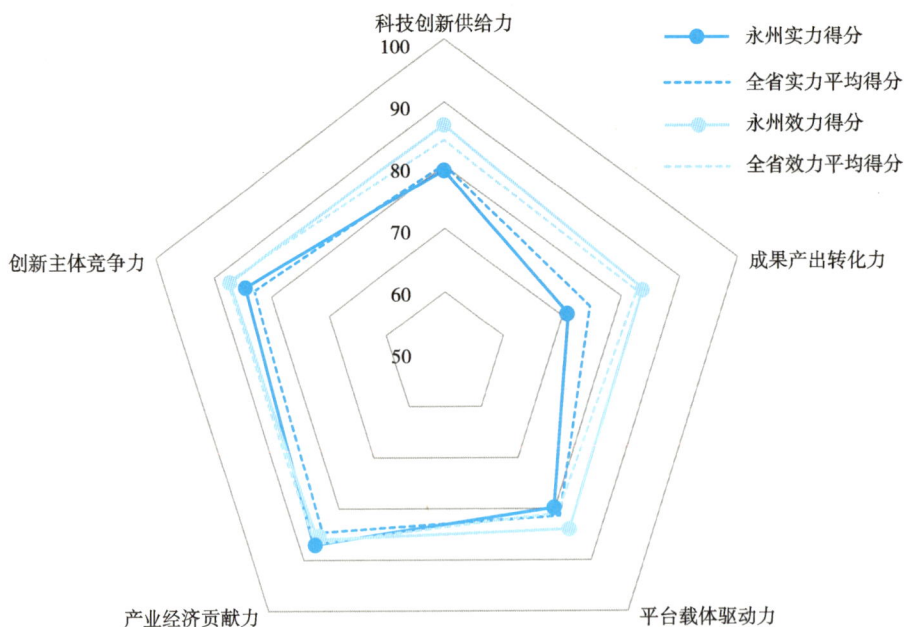

图 3-22　永州市科技创新实力、效力雷达图

"科技创新供给实力"得分79.21分，排名第7，较上年度排名未发生变化；"成果产出转化实力"得分71.04分，排名第9，较上年度进位1名；"平台载体驱动实力"得分79.87分，排名第10，较上年度退位2名；"产业经济贡献实力"得分87.14分，排名第7，较上年度进位3名；"创新主体竞争实力"得分84.62分，排名第4，较上年度进位2名。从总体来看，永州市"产业经济贡献实力""创新主体竞争实力"两个维度略高于全省平均水平；"科技创新供给实力"与全省平均水平相当；"平台载体驱动实力"略低于全省平均水平；"成果产出转化实力"与全省平均水平有一定差距。

永州市科技创新效力得分85.80分，排名第6，较上年度退位1名。如图3-22所示，"科技创新供给效力"得分86.35分，排名第5，较上年度进位3名；"成果产出转化效力"得分83.73分，排名第7，较上年度退位3名；"平台载体驱动效力"得分84.05分，排名第6，较上年度退位2名；"产业经济贡献效力"得分86.05分，排名第9，较上年度排名未发生变化；"创新主体竞争效力"得分87.34分，排名第6，较上年度退位2名。从总体来看，永州市"平台载体驱动效力"较全省平均水平具有一定优势；"科技创新供给效力""成果产出转化效力"两个维度略高于全省平均水平；"创新主体竞争效力""产业经济贡献效力"两个维度与全省平均水平相当。

永州市在2021年度科技创新能力综合评价的96项实力、效力三级指标中，有3项指标排名第1，有6项指标排名第2，共计43项指标排名居全省前7，其中有53.49%的指标为增速、增量等效力指标，包括"技术合同成交额增速""万元地区生产总值能耗下降率增量""地方财政科技支出增速""地方财政科技支出占地方财政支出的比重增量""省级及以上创新载体数量增速"等。有22项指标排名居全省第11~14，其中有54.55%的指标为增速、增量等效力指标，包括"创新创业大赛获奖金额增量""高新技术产业增加值占地区生产总值（GDP）的比重增量""省上市后备企业数量增速""基础研究经费占全社会研发（R&D）经费支出的比重增量""创新创业大赛获奖数量增量"等。

评价结果显示（表3-11）：永州市在财政科技投入、绿色发展、规上工业企业研发等方面表现突出；在技术市场、研发平台与创新载体建设、战略性新兴产业培育等方面表现较好；在高新技术产业发展、科企及上市企业培育、知识产权成果产出、创新创业参与等方面有待加强。

根据此次评价结果，建议永州市充分发挥区位优势，加快建设融入粤港澳大湾区引领区，对接东盟开放合作先行区，打造湘南地区高质量发展的新引擎，不断增强自主创新能力，为全省打造具有核心竞争力的科技创新高地作出永州贡献。加快传统产业转型升级、高新技术产业发展壮大、新兴产业培育，打造能源及材料、电子信息及装备制造、特色轻工、农林产品加工四个千亿产业，培育先进装备制造、生物医药等战略性新兴产业集群；

支持企业与高校、研发机构共建产学研深度融合的科技研发平台，大力推进中国古巴生物技术联合创新中心建设，产出一批具有核心竞争力的技术和具有影响力的创新成果；积极对接广深港澳科技创新走廊，创新科创"飞地"模式，支持企业与粤港澳大湾区联合设立研发机构或技术转移机构，推进"大湾区科创研发+永州生产制造"模式，促进大湾区科研成果在永州进行转化，打造大湾区协同创新基地；推动众创空间、科技孵化器、星创天地等为主的创新创业服务平台建设，加大科技型企业孵化培育力度，推动高新技术企业树标提质，建立上市后备企业绿色服务通道，支持祁阳新金浩茶油等企业上市。优化创新创业环境，建立"政务服务+创业服务+生活服务"人才服务链，深入开展双创活动和创业带动就业示范行动，激发永州全社会创新创业活力。

表 3-11 永州市科技创新能力评价结果

指标名称	科技创新能力		实力（60%）		效力（40%）	
	得分	排名	得分	排名	得分	排名
总得分	82.93	7	81.02	7↑	85.80	6↓
一、科技创新供给力	82.07	7↑	79.21	7	86.35	5↑
全社会研发（R&D）经费投入	85.25	8	85.13	8↑	85.42	8↑
全社会研发（R&D）人员投入	86.06	8↑	85.48	10	86.94	7↑
基础研究经费投入	67.12	12↓	62.31	9↓	74.33	12↓
地方财政科技投入	86.37	3↑	79.43	6↑	96.78	2↑
二、成果产出转化力	76.12	8↓	71.04	9↑	83.73	7↓
发明专利	69.99	12	68.77	11↓	71.82	11↑
高价值专利	69.78	11↓	67.62	11↓	73.02	11↓
技术市场	80.97	6	72.23	6↑	94.08	3↑
科技成果奖励	69.04	7↓	62.54	7↓	78.79	9↓
科研论文	89.06	9↓	86.33	9↓	93.16	10↓
三、平台载体驱动力	81.54	9↓	79.87	10↓	84.05	6↓
园区发展	83.16	6↓	91.40	5↓	70.81	7↓
研发平台与创新载体	83.37	8↑	73.51	10↑	98.15	2↑
园区覆盖率	74.45	10↓	87.41	7	55.00	7↓

续表3-11

指标名称	科技创新能力		实力（60%）		效力（40%）	
	得分	排名	得分	排名	得分	排名
四、产业经济贡献力	86.71	6↑	87.14	7↑	86.05	9
战略性新兴产业	89.70	5↑	89.68	8↓	89.71	5↑
高新技术产业	80.24	12↓	86.79	11↓	70.42	14↓
科技服务业	75.53	9↓	76.78	8	73.66	10↓
开放发展	83.40	8↓	77.83	9↓	91.76	10↑
绿色发展	96.83	1↑	96.57	1↑	97.20	2↓
园区绩效	93.33	6↓	92.18	8	95.06	6↓
五、创新主体竞争力	85.71	7↓	84.62	4↑	87.34	6↓
高新技术企业	88.89	6	85.52	9↓	93.93	3↑
科企、上市培育企业	83.58	11↑	82.22	12	85.63	12↑
规上工业企业研发	91.19	4	89.99	3↑	92.97	4↓
高校院所基础研究	92.53	5↑	90.62	4↑	95.40	8↓
研发税收优惠	86.47	10↓	78.71	12	98.10	4↓
创新创业参与	76.66	12↓	87.36	4	60.63	14↓

十二、怀化市

怀化市以建设"三城一区"为统揽，加快构建生物医药产业创新高地，推动科技赋能怀化国际陆港、大力推进产业创新发展，经济运行增速稳步回升、结构持续优化、质效不断改善，"十四五"实现良好开局。2021年，与省农科院联合探索院市科技合作模式，通过"科技小院"等方式，引进转化了一批省农科院科技成果；依托"刘良院士专家工作站"等平台加大科技攻关力度，"正清风痛宁（青风藤）全产业链关键技术研究"获省科技重大专项支持；引导正清制药、补天药业、云箭集团等一批企业在长沙建设研究机构，"科创飞地"已初具规模。德众汽车、恒光股份相继上市，上市企业实现破零倍增。2021年，新获批国家科技企业孵化器1家，怀化经开区文化（广告）创意产业园获批国家文化和科技融合示范基地。

怀化市科技创新能力综合得分 78.72 分，排名第 12，较上年度退位 4 名。如图 3-23 所示，"科技创新供给力"得分 75.57 分，排名第 13，较上年度退位 8 名；"成果产出转化力"得分 72.72 分，排名第 11，较上年度退位 2 名；"平台载体驱动力"得分 78.87 分，排名第 10，较上年度退位 1 名；"产业经济贡献力"得分 83.55 分，排名第 12，较上年度排名未发生变化；"创新主体竞争力"得分 81.52 分，排名第 11，较上年度退位 4 名。从总体来看，怀化市"产业经济贡献力""平台载体驱动力"两个维度略低于全省平均水平；"创新主体竞争力"与全省平均水平有一定差距；"成果产出转化力""科技创新供给力"两个维度较全省平均水平差距较为明显。

怀化市科技创新实力得分 78.25 分，排名第 10，较上年度退位 4 名。如图 3-24 所示，"科技创新供给实力"得分 77.33 分，排名第 9，较上年度退位 3 名；"成果产出转化实力"得分 68.76 分，排名第 11，较上年度退位 2 名；"平台载体驱动实力"得分 77.35 分，排名第 11，较上年度退位 1 名；"产业经济贡献实力"得分 79.70 分，排名第 12，较上年度排名未发生变化；"创新主体竞争实力"得分 84.26 分，排名第 5，较上年度退位 2 名。从总体来看，怀化市"创新主体竞争实力"略高于全省平均水平；"科技创新供给实力"略低于全省平均水平；"平台载体驱动实力""产业经济贡献实力"两个维度与全省平均水平有一定差距；"成果产出转化实力"较全省平均水平差距较为明显。

怀化市科技创新效力得分 79.42 分，排名第 13，较上年度排名未发生变化。如图 3-24 所示，"科技创新供给效力"得分 72.93 分，排名第 14，较上年度退位 8 名；"成果产出转化效力"得分 78.65 分，排名第 11，较上年度退位 3 名；"平台载体驱动效力"得分 81.15 分，排名第 8，较上年度进位 2 名；"产业经济贡献效力"得分 89.32 分，排名第 3，较上年度进位 4 名；"创新主体竞争效力"得分 77.42 分，排名第 14，较上年度排名不发生变化。从总体来看，怀化市"产业经济贡献效力"略高于全省平均水平；"平台载体驱动效力"与全省平均水平相当；"成果产出转化效力"与全省平均水平有一定差距；"创新主体竞争效力""科技创新供给效力"两个维度较全省平均水平差距较为明显。

怀化市在 2021 年度科技创新能力综合评价的 96 项实力、效力三级指标中，有 1 项指标排名第 1，共计 29 项指标排名居全省前 7，其中有 65.52% 的指标为增速、增量等效力指标，包括"有效发明专利拥有量增速""科技服务业产业增加值增速""基础研究经费占全社会研发（R&D）经费支出的比重增量""省级及以上研发平台数量增速""省级及以上创新载体数量增速"等。有 37 项指标排名居全省第 11～14，其中有 54.05% 的指标为总量、占比等实力指标，包括"省级及以上高新区县市区覆盖率""科技服务业产业增加值占地区生产总值（GDP）的比重""省级及以上科技园区占园区比重""省级及以上科技成果奖励当量""省上市后备企业数量"等。

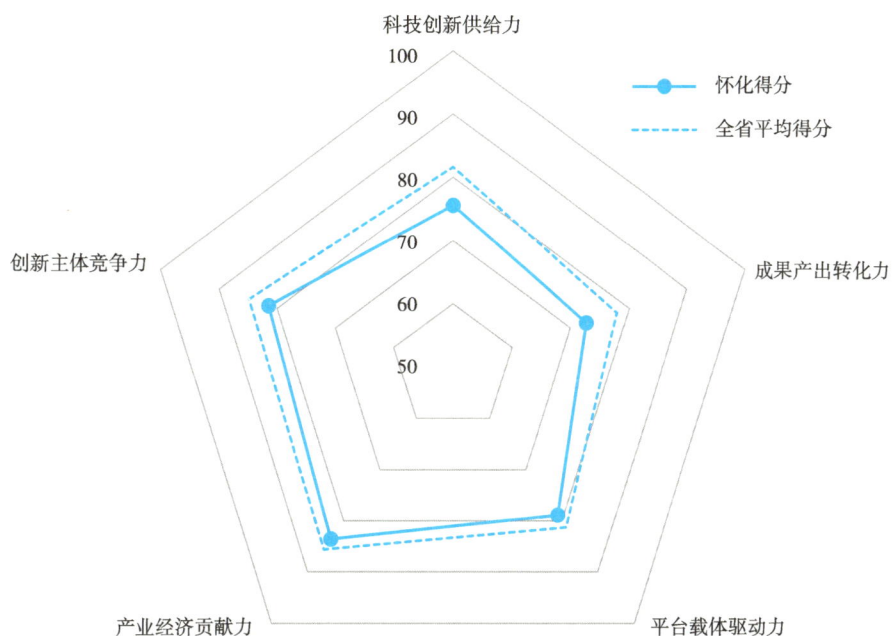

图 3-23　怀化市科技创新能力雷达图

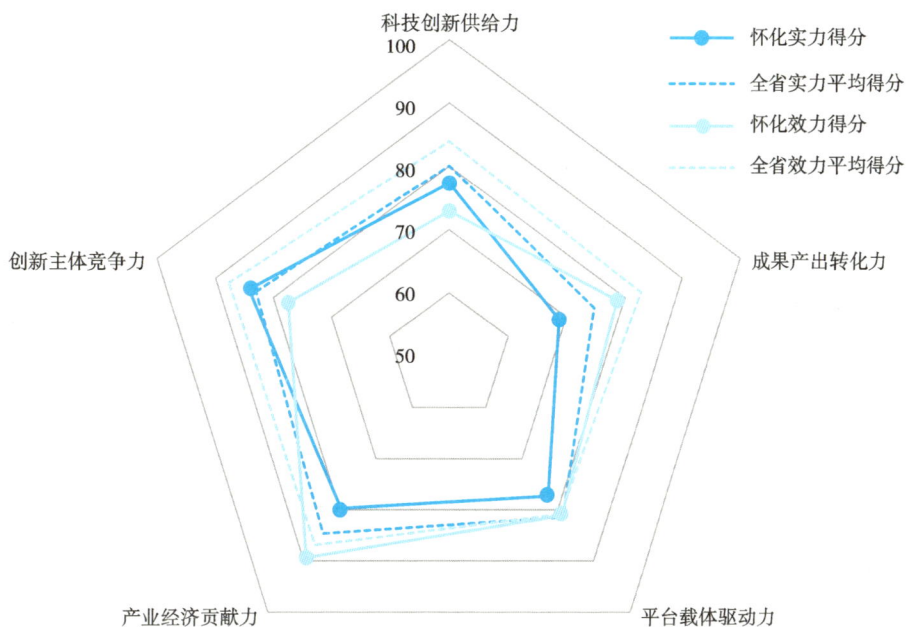

图 3-24　怀化市科技创新实力、效力雷达图

评价结果显示（表3-12）：怀化市在绿色发展、研发平台与创新载体、高校院所基础研究等方面表现较好；在全社会研发（R&D）经费投入、研发（R&D）人员投入、科技成果奖励、园区发展、开放发展等方面有待加强。

根据此次评价结果，建议怀化市以建设国家创新型城市为总揽，对标"五好"园区要求，发挥怀化国家高新区、怀化国家农业科技园区示范引领作用，加强省级高新区、农业科技园区统筹管理与建设布局，探索建设集中连片、协同互补、联合发展的创新共同体；继续加强园区作为产业发展主阵地的支撑作用，推动电子信息、新材料、现代机械、新能源及其装备等先进制造业产业链延链补链强链，以建设湖南省国家中医药综合改革示范区先导区为契机推动医药大健康业做大做强，加快构建现代化产业新体系。强化财政资金引导作用，全面落实研发费用加计扣除、研发奖补等政策，重点做好企业创新主体服务支撑，引导创新主体加大研发投入。结合重点产业发展需求，通过重点项目攻坚"揭榜挂帅"靶向引进一批高层次及急需紧缺人才，依托院士工作站、重点实验室等研发平台精准培育一批技术研发人才。充分发挥怀化国际陆港示范带动作用，融入西部陆海新通道"13+2"省际协商合作，持续推进科创飞地、创新联合体、飞地经济园区等平台建设，开展国际和区域科技创新合作。

表3-12　怀化市科技创新能力评价结果

指标名称	科技创新能力		实力（60%）		效力（40%）	
	得分	排名	得分	排名	得分	排名
总得分	78.72	12↓	78.25	10↓	79.42	13
一、科技创新供给力	75.57	13↓	77.33	9↓	72.93	14↓
全社会研发（R&D）经费投入	69.27	13↓	78.78	12↓	55.00	14↓
全社会研发（R&D）人员投入	79.65	12↓	82.01	12↓	76.11	13↓
基础研究经费投入	78.03	6↓	72.64	7↓	86.11	5↓
地方财政科技投入	79.16	9↓	75.32	8↓	84.93	11↓
二、成果产出转化力	72.72	11↓	68.76	11↓	78.65	11↓
发明专利	75.04	8↑	70.76	9↑	81.46	7↑
高价值专利	70.92	9↑	68.06	10↑	75.23	9↑
技术市场	70.84	11↓	67.51	12↓	75.84	13↓

续表3-12

指标名称	科技创新能力		实力（60%）		效力（40%）	
	得分	排名	得分	排名	得分	排名
科技成果奖励	63.89	13↓	56.25	14↓	75.36	13↓
科研论文	89.25	7↓	86.05	10↓	94.04	8↓
三、平台载体驱动力	78.87	10↓	77.35	11↓	81.15	8↑
园区发展	76.62	12↓	84.62	11↓	64.61	13↓
研发平台与创新载体	84.73	5↑	77.63	9↓	95.39	3↑
园区覆盖率	63.53	13↓	69.22	13↓	55.00	7
四、产业经济贡献力	83.55	12	79.70	12	89.32	3↑
战略性新兴产业	85.23	9↑	83.34	11↑	88.07	7↑
高新技术产业	90.15	8↓	87.96	10↑	93.44	7↓
科技服务业	68.79	12↑	62.90	13	77.62	8↑
开放发展	77.98	12↓	69.18	11↓	91.18	11↓
绿色发展	88.08	4↑	87.26	10↓	89.32	6↑
园区绩效	87.32	12↓	82.27	12	94.91	7↓
五、创新主体竞争力	81.52	11↓	84.26	5↓	77.42	14
高新技术企业	80.92	12↓	90.41	4	66.68	14↓
科企、上市培育企业	84.87	10↓	83.16	10↓	87.43	9↓
规上工业企业研发	79.34	11↓	81.69	6↓	75.81	13↑
高校院所基础研究	92.41	6↓	90.32	5↑	95.55	7↑
研发税收优惠	78.15	13	84.20	5↓	69.06	14
创新创业参与	82.72	10↑	76.40	8	92.21	7↑

十三、娄底市

娄底市立足建设先进制造业强市新阶段，积极融入"一带一路"，深度融入"一带一部"、中部崛起等战略，推进湖南中部（株洲—湘潭—娄底）产业转型升级示范区建设，打造先进制造配套区和长株潭现代物流服务区，科技强市加速建设。实施"揭榜挂帅"、关键核心技术攻关等"五大工程"，发布关键共性技术攻关榜单，华菱涟钢—华为—东北大学共建钢铁全流程智能制造联合创新中心、先进钢铁材料技术国家工程研究中心华中分中心先后建成；科技型龙头企业带动产业链持续优化升级，先进结构材料产业集群纳入国家第一批战略性新兴产业集群，科技创新助推钢铁新材与工程机械先进制造业"双引擎"集群化发展成效显著；2021年高新技术产业总产值1800亿元，同比增长28.9%，增加值年度增速位于全省前列；华菱涟钢、忠食农业创新成果分别获国家科技进步二等奖与省技术发明二等奖，企业技术攻关取得突破。科技创新推动产业转型升级与民生改善、助力区域高质量发展持续向好，为娄底市建设先进制造业强市、全面建设现代化娄底提供强劲动力。

娄底市科技创新能力综合得分80.24分，排名第11，较上年度退位1名。如图3-25所示，"科技创新供给力"得分78.85分，排名第9，较上年度进位2名；"成果产出转化力"得分77.25分，排名第6，较上年度进位6名；"平台载体驱动力"得分77.50分，排名第11，较上年度退位4名；"产业经济贡献力"得分85.02分，排名第10，较上年度退位5名；"创新主体竞争力"得分81.24分，排名第12，较上年度退位3名。从总体来看，娄底市"产业经济贡献力""成果产出转化力"两个维度与全省平均水平相当；"科技创新供给力"略低于全省平均水平；"创新主体竞争力""平台载体驱动力"两个维度与全省平均水平有一定差距。

娄底市科技创新实力得分77.76分，排名第11，较上年度退位1名。如图3-26所示，"科技创新供给实力"得分74.69分，排名第11，较上年度排名不发生变化；"成果产出转化实力"得分70.90分，排名第10，较上年度进位3名；"平台载体驱动实力"得分80.18分，排名第8，较上年度退位1名；"产业经济贡献实力"得分82.67分，排名第10，较上年度退位1名；"创新主体竞争实力"得分79.58分，排名第12，较上年度退位4名。从总体来看，娄底市"平台载体驱动实力""产业经济贡献实力"两个维度略低于全省平均水平；"创新主体竞争实力""成果产出转化实力"两个维度与全省平均水平有一定差距；"科技创新供给实力"较全省平均水平差距较为明显。

娄底市科技创新效力得分83.95分，排名第11，较上年度退位4名。如图3-26所示，"科技创新供给效力"得分85.10分，排名第7，较上年度进位4名；"成果产出转化效力"得分86.77分，排名第4，较上年度进位6名；"平台载体驱动效力"得分73.48分，排名第11，较上年度退位6名；"产业经济贡献效力"得分88.54分，排名第5，较上年度退位4名；"创新主体竞争效力"得分83.72分，排名第13，较上年度退位6名。从总体来看，娄底市"成果产出转化效力"较全省平均水平具有一定优势；"产业经济贡献效力""科技创新供给效力"两个维度略高于全省平均水平；"创新主体竞争效力"与全省平均水平有一定差距；"平台载体驱动效力"较全省平均水平差距较为明显。

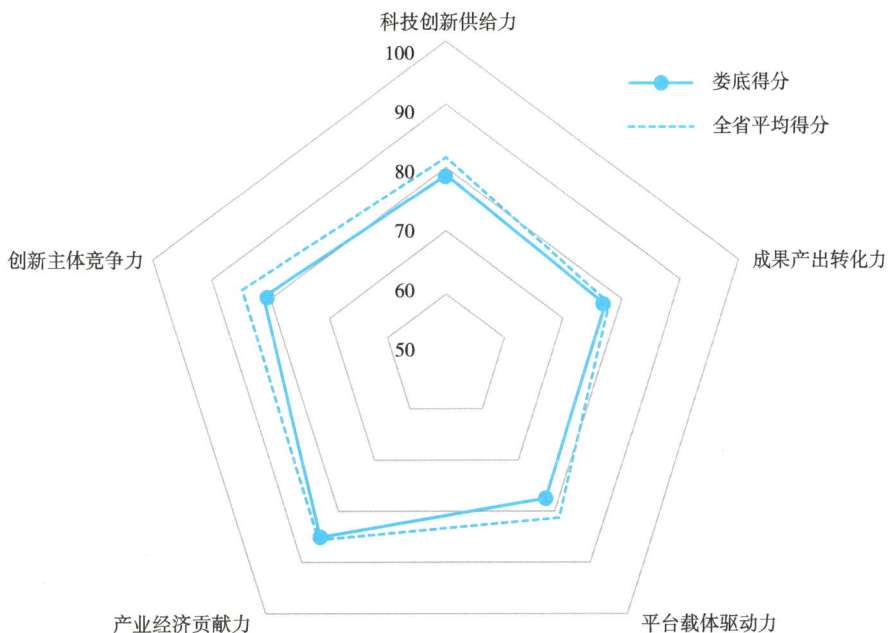

图 3-25　娄底市科技创新能力雷达图

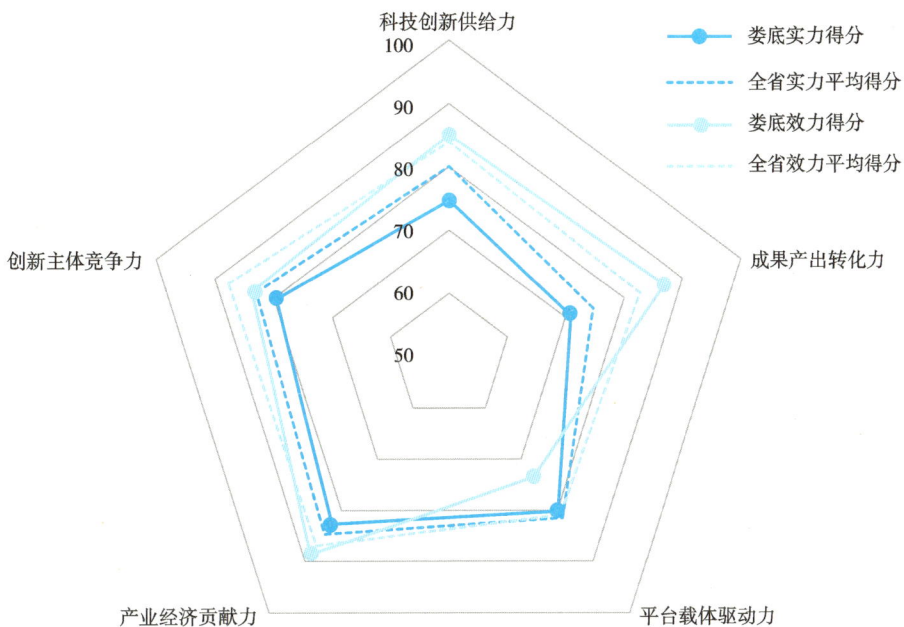

图 3-26　娄底市科技创新实力、效力雷达图

娄底市在2021年度科技创新能力综合评价的96项实力、效力三级指标中，有2项指标排名第1，有3项指标排名第2，共计34项指标排名居全省前7，其中有70.59%的指标为增速、增量等效力指标，包括"全社会研发（R&D）人员全时当量增速""每万研发（R&D）人员发表科研论文数增量""技术合同成交额增速""每万研发（R&D）人员中省级及以上科技成果奖励当量增量""高校基础研究占研发（R&D）经费支出比重增量"等。有28项指标排名居全省第11~14，其中有71.43%的指标为总量、占比等实力指标，包括"科技型中小企业数量""省级及以上研发平台数量""省级及以上科技园区数量""基础研究经费支出""创新创业大赛获奖金额"等。

评价结果显示（表3-13）：娄底市在科技成果奖励方面表现突出；在科技园区建设、战略性新兴产业培育、绿色发展、技术市场、知识产权成果产出、研发（R&D）经费投入力度等方面表现较好；在财政科技投入、科技企业培育、研发平台与创新载体建设、科技服务业发展、创新创业环境营造、开放发展等方面有待加强。

根据此次评价结果，建议娄底市以"材料谷"建设作为高质量发展的主攻方向、战略重点，依托湖南中部（株洲—湘潭—娄底）产业转型升级示范区建设，聚焦先进钢铁材料、先进电子陶瓷、先进复合材料等优势领域建设重大创新平台，凝练设计重大科技攻关项目，开展共性关键技术研发，提升自主创新能力和市场竞争力；强化企业创新主体地位，优化财政科技投入结构，围绕"材料谷"建设引培一批具有国内外行业竞争力的特色产业骨干龙头企业、"专精特新"小巨人企业、高新技术企业、单项冠军企业。鼓励钢铁、有色、建材等重点领域开展节能减煤节能降碳技术改造，建设能耗标杆企业、绿色企业。突出园区在产业发展中的主阵地作用，对标"五好"园区创建要求，加速项目、平台、人才、科技型企业、金融等要素向园区聚集，积极推进娄底高新区创建国家高新区；探索"科创飞地"的创新合作新机制，争取高校院所与企业在娄底优先布局科技成果转移转化分中心。积极融入西部陆海新通道、"一带一部"等国家战略，承接举办材料产业创新创业大赛、行业学术会议、产业博览会；推动先进钢铁材料、高端锑材料、先进电子陶瓷等特色优势产品"走出去"，参与制（修）定国际、国家、行业等标准，加大产品国际认证力度，积极拓展国际市场。

表 3-13 娄底市科技创新能力评价结果

指标名称	科技创新能力		实力（60%）		效力（40%）	
	得分	排名	得分	排名	得分	排名
总得分	80.24	11↓	77.76	11↓	83.95	11↓
一、科技创新供给力	78.85	9↑	74.69	11	85.10	7↑
全社会研发（R&D）经费投入	85.02	9↑	84.71	9↓	85.49	7↑
全社会研发（R&D）人员投入	86.03	9↓	86.14	9↓	85.87	8↓
基础研究经费投入	67.64	10↑	58.63	12↑	81.16	7↓
地方财政科技投入	73.45	12↓	64.36	11	87.09	10↓
二、成果产出转化力	77.25	6↑	70.90	10↑	86.77	4↑
发明专利	72.22	9	70.31	10↓	75.09	10↓
高价值专利	71.63	8↑	68.76	9	75.92	8↑
技术市场	80.95	7↑	71.15	9↑	95.64	2↑
科技成果奖励	70.51	4↑	60.71	8↑	85.20	2↑
科研论文	90.49	6↑	86.60	8↑	96.33	3↑
三、平台载体驱动力	77.50	11↓	80.18	8↓	73.48	11↓
园区发展	78.71	10↓	86.16	9↑	67.53	11↓
研发平台与创新载体	76.74	11↑	73.49	11↓	81.63	10↑
园区覆盖率	78.57	7↓	94.28	3↓	55.00	7↓
四、产业经济贡献力	85.02	10↓	82.67	10↓	88.54	5↓
战略性新兴产业	89.18	6↓	91.94	6↓	85.03	8↓
高新技术产业	91.41	7↓	90.02	8	93.48	6↑
科技服务业	69.14	11↓	63.32	12↓	77.86	7↓
开放发展	78.45	11↓	68.00	12↓	94.13	6↓
绿色发展	87.73	6↓	89.61	6↓	84.92	9↓
园区绩效	91.18	8↓	88.38	10	95.38	4↑
五、创新主体竞争力	81.24	12↓	79.58	12↓	83.72	13↓
高新技术企业	82.17	11↓	81.66	12↓	82.94	8
科企、上市培育企业	77.63	12↓	82.47	11↓	70.38	14↓

续表3-13

指标名称	科技创新能力		实力（60%）		效力（40%）	
	得分	排名	得分	排名	得分	排名
规上工业企业研发	81.43	10↓	75.51	11↓	90.30	9↓
高校院所基础研究	91.22	7↑	88.64	7↓	95.10	9↑
研发税收优惠	87.34	9↑	82.91	10↓	93.97	9↑
创新创业参与	79.09	11↑	71.35	12	90.71	8↑

十四、湘西州

　　湘西州围绕"三区两地"发展定位、"五个湘西"主攻方向，深化创新型湘西建设，实现"十四五"良好开局。积极实施"100个科技创新攻关"项目，科技创新取得重大突破，"锌电解典型重金属污染物源头削减关键共性技术与大型成套设备"获国家科技进步二等奖，高性能锰合金新材料开发应用等4项技术研究成果获湖南省科技进步二等奖；高温氮气雾化球形铝粉技术、电解金属铬关键技术等技术达到国内领先水平。潇湘科技要素大市场湘西分市场揭牌运营，积极探索解决技术"推广难""共享难""转化难"等问题的机制路径。大力开展高新技术企业和科技型中小企业培育，全州科技型企业数量不断攀升，有效助推产业转型升级，高新技术产业规模加快壮大。科技园区发展质效良好，国家高新区申建扎实推进，湘西高新区、泸溪高新区在全省"五好"园区考核排名大幅提升。

　　湘西州科技创新能力综合得分75.73分，排名第13，较上年度排名未发生变化。如图3-27所示，"科技创新供给力"得分78.07分，排名第12，较上年度进位2名；"成果产出转化力"得分67.25分，排名第13，较上年度退位2名；"平台载体驱动力"得分73.66分，排名第12，较上年度排名未发生变化；"产业经济贡献力"得分78.02分，排名第13，较上年度排名未发生变化；"创新主体竞争力"得分77.91分，排名第13，较上年度进位1名。从总体来看，湘西州"科技创新供给力"与全省平均水平有一定差距；"创新主体竞争力""产业经济贡献力""平台载体驱动力""成果产出转化力"四个维度较全省平均水平差距较为明显。

　　湘西州科技创新实力得分72.40分，排名第13，较上年度排名未发生变化。如图3-28所示，"科技创新供给实力"得分71.06分，排名第13，较上年度排名未发生变化；

"成果产出转化实力"得分 65.78 分，排名第 13，较上年度退位 2 名；"平台载体驱动实力"得分 76.20 分，排名第 12，较上年度退位 1 名；"产业经济贡献实力"得分 75.60 分，排名第 13，较上年度排名未发生变化；"创新主体竞争实力"得分 72.86 分，排名第 13，较上年度进位 1 名。从总体来看，湘西州"平台载体驱动实力""成果产出转化实力""科技创新供给实力""产业经济贡献实力""创新主体竞争实力"五个维度均较全省平均水平差距较为明显。

湘西州科技创新效力得分 80.74 分，排名第 12，较上年度进位 2 名。如图 3-28 所示，"科技创新供给效力"得分 88.58 分，排名第 4，较上年度进位 10 名；"成果产出转化效力"得分 69.45 分，排名第 14，较上年度退位 1 名；"平台载体驱动效力"得分 69.85 分，排名第 13，较上年度退位 2 名；"产业经济贡献效力"得分 81.65 分，排名第 13，较上年度退位 2 名；"创新主体竞争效力"得分 85.48 分，排名第 11，较上年度进位 1 名。从总体来看，湘西州"科技创新供给效力"较全省平均水平具有一定优势；"创新主体竞争效力"略低于全省平均水平；"产业经济贡献效力""成果产出转化效力""平台载体驱动效力"三个维度较全省平均水平差距较为明显。

湘西州在 2021 年度科技创新能力综合评价的 96 项实力、效力三级指标中，有 5 项指标排名第 1，有 2 项指标排名第 2，共计 29 项指标排名居全省前 7，其中有 79.31% 的指标为增速、增量等效力指标，包括"全社会研发(R&D)经费支出增速""创新创业大赛获奖数量增量""创新创业大赛获奖金额增量""全社会研发(R&D)人员全时当量增速""地方财政科技支出增速"等。有 57 项指标排名居全省第 11~14，其中有 61.40% 的指标为总量、占比等实力指标，包括"省上市后备企业数量""万元地区生产总值能耗下降率""高新技术产品出口额""技术合同成交额占地区生产总值(GDP)的比重""每万家企业中享受研发加计扣除企业数"等。

评价结果显示(表 3-14)：湘西州在科技服务业、科技园区发展、创新创业环境等方面表现较好；在知识产权产出、研发(R&D)投入、开放发展、科技型企业培育等方面有待加强。

根据此次评价结果，建议湘西州全面落实"三高四新"美好蓝图，立足自身优势，结合产业发展需求，统筹优化配置科技创新资源。聚焦酒业、绿色矿业及新材料、特色食品、新能源等十大优势产业链，推进补链、延链、强链，推动高新技术产业量质提升，形成优势产业集群。积极对接岳麓山实验室，推动种业基地湘西分基地建设；大力引进国内外科研资源，联合组建一批重点实验室、工程技术研究中心、临床医学研究中心(示范基地)等研发平台；加快建设湘农大茶产业研究院，力争在优势产业领域再新增一批新型研发机构。着力打造武陵山区人才发展新高地，优化提升"武陵人才行动计划"、持续推进"乡村育才

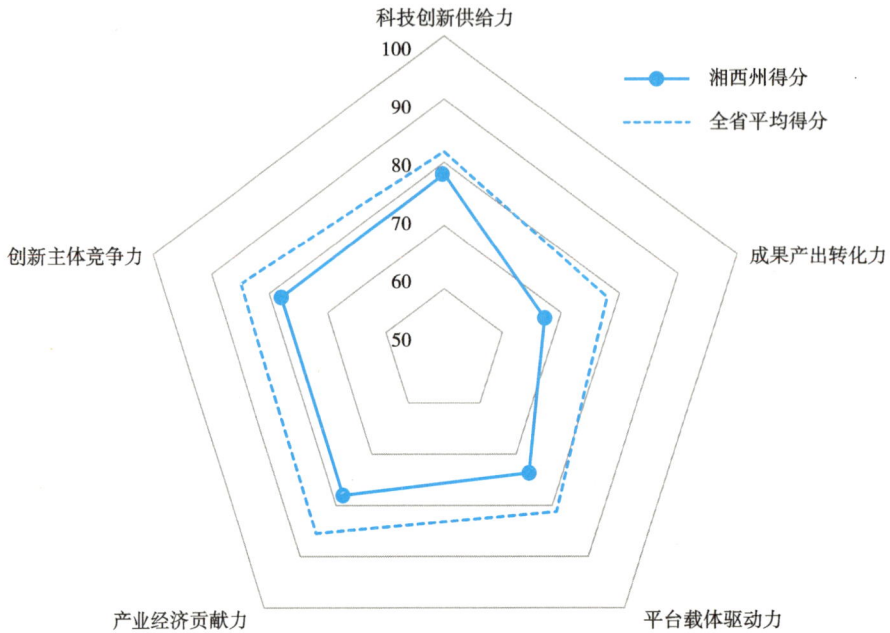

图 3-27　湘西州科技创新能力雷达图

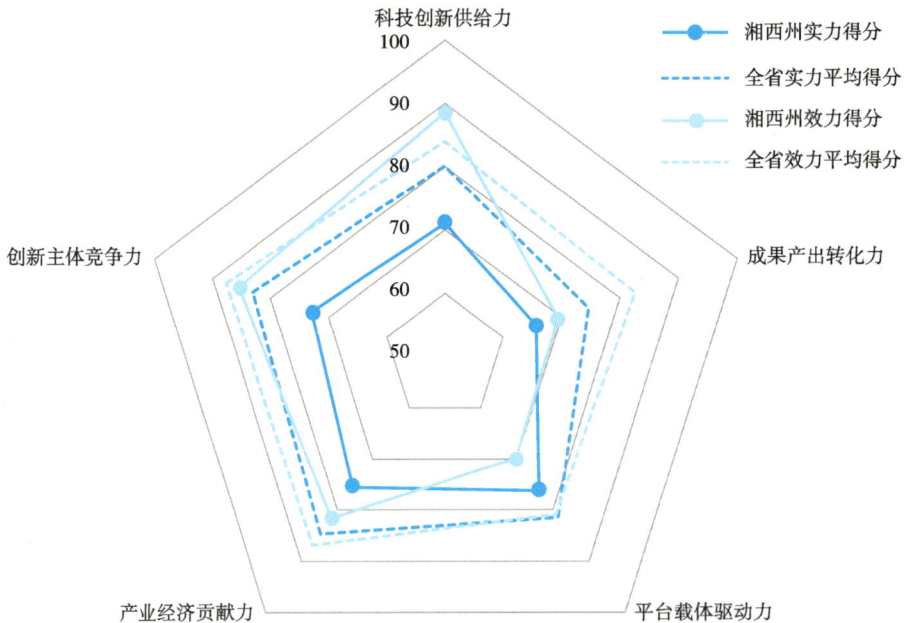

图 3-28　湘西州科技创新实力、效力雷达图

聚才行动"，依托高校与重点企业，引进培育一批高端科技创新人才；深入实施特色产业专家服务团、科技特派员和"三区"科技人才制度，建设一批工作站、示范站，为乡村振兴做好服务。大力发展特色鲜明的科技企业孵化器、众创空间、星创天地等创新载体，建设好潇湘科技要素大市场湘西分市场，提升科技成果转化与创业孵化效能；持续办好"创新创业大赛""科普宣传"等重大活动，营造创新创业环境；深入开展科技交流合作，加大湘西湘南产业转移示范区承接产业转移工作力度，提高开放合作创新能力。

表3-14 湘西州科技创新能力评价结果

指标名称	科技创新能力		实力（60%）		效力（40%）	
	得分	排名	得分	排名	得分	排名
总得分	75.73	13	72.40	13	80.74	12↑
一、科技创新供给力	78.07	12↑	71.06	13	88.58	4↑
全社会研发（R&D）经费投入	77.30	12↑	68.55	13	90.44	4↑
全社会研发（R&D）人员投入	79.42	13	75.74	13	84.95	10↓
基础研究经费投入	80.77	5↑	80.74	5↓	80.82	9↑
地方财政科技投入	75.89	10↑	63.08	12↑	95.10	4↑
二、成果产出转化力	67.25	13↓	65.78	13↓	69.45	14↓
发明专利	62.85	13↑	66.28	12	57.70	14
高价值专利	61.09	14	63.83	12	56.99	14
技术市场	69.29	12↑	57.47	13↑	87.01	8↑
科技成果奖励	62.55	14↓	67.58	4↓	55.00	14↓
科研论文	83.10	12↓	89.39	5↓	73.67	14↓
三、平台载体驱动力	73.66	12	76.20	12↓	69.85	13↓
园区发展	79.65	9↓	85.97	10↓	70.19	8
研发平台与创新载体	72.46	12↓	70.97	13↓	74.69	13↓
园区覆盖率	71.29	12↓	82.15	11↓	55.00	7
四、产业经济贡献力	78.02	13	75.60	13	81.65	13↓
战略性新兴产业	80.97	12↓	80.37	13	81.88	10↓
高新技术产业	75.96	13	74.10	13	78.75	13↓

续表3-14

指标名称	科技创新能力		实力（60%）		效力（40%）	
	得分	排名	得分	排名	得分	排名
科技服务业	78.18	8↑	82.84	4	71.20	11↑
开放发展	62.39	14↓	56.02	14↓	71.93	14↓
绿色发展	80.69	14↓	74.72	14↓	89.63	5↑
园区绩效	89.71	10↑	86.34	11	94.78	8↓
五、创新主体竞争力	77.91	13↑	72.86	13↑	85.48	11↑
高新技术企业	75.75	13	76.30	13↓	74.92	13
科企、上市培育企业	74.15	14↓	71.35	13	78.34	13↓
规上工业企业研发	76.58	13↑	66.73	13↑	91.34	7↑
高校院所基础研究	86.56	10↓	82.00	9↓	93.4	11↑
研发税收优惠	83.18	11↑	73.21	13↑	98.13	3↑
创新创业参与	84.54	7↑	74.24	11↑	100.00	1↑

附 录

一、评价指标体系

本评价报告指标体系充分借鉴了科技部连续 20 余年发布的《中国区域创新能力评价报告》《中国区域科技创新能力评价报告》等知名报告,在延续往年湖南省区域科技创新能力评价指标体系基础上,结合我省创新发展特色,沿用上年度区域科技创新能力评价体系,由 5 个一级指标、24 个二级指标和 48 个三级指标构成。

指标选取遵循数据的公开性、标准性以及全面性原则,兼顾地区发展的实力及效力,以客观、真实、动态、多角度评价各市州科技创新水平,全面衡量创新发展的成效和进展。其中,实力指标包括总量和占比,从"规模"和"结构"两个维度反映各市州创新发展情况,效力指标包括增速和增量,从"潜力"和"效率"维度反映各市州创新发展情况。

五个一级指标包括科技创新供给力、成果产出转化力、平台载体驱动力、产业经济贡献力和创新主体竞争力,其中,科技创新供给力主要评价地区科技创新发展的经费和人力投入情况;成果产出转化力主要评价地区高质量知识产权、科技成果转移转化以及高水平科研产出情况;平台载体驱动力主要评价地区在园区建设、研发平台及创新载体建设等创新基础资源集聚情况;产业经济贡献力主要评价地区通过产业、绿色、开放、园区发展贡献经济高质量发展的创新效能;创新主体竞争力主要评价地区各创新主体的创新活力和发展潜力。

附表1 2023湖南省区域科技创新能力评价指标体系

一级序号	一级指标	二级序号	二级指标	三级序号	三级指标
1	科技创新供给力	1	全社会研发（R&D）经费投入	1	全社会研发（R&D）经费支出及增速
				2	全社会研发（R&D）经费支出占地区生产总值（GDP）的比重及增量
		2	全社会研发（R&D）人员投入	3	全社会研发（R&D）人员全时当量及增速
				4	每万人研发（R&D）人员全时当量及增量
		3	基础研究经费投入	5	基础研究经费支出及增速
				6	基础研究经费占全社会研发（R&D）经费支出的比重及增量
		4	地方财政科技投入	7	地方财政科技支出及增速
				8	地方财政科技支出占地方财政支出的比重及增量
2	成果产出转化力	5	发明专利	9	有效发明专利拥有量及增速
				10	每万人有效发明专利拥有量及增量
		6	高价值专利	11	高价值发明专利拥有量及增速
				12	每万人高价值发明专利拥有量及增量
		7	技术市场	13	技术合同成交额及增速
				14	技术合同成交额占地区生产总值（GDP）的比重及增量
		8	科技成果奖励	15	省级及以上科技成果奖励当量及增量
				16	每万研发（R&D）人员中省级及以上科技成果奖励当量及增量
		9	科研论文	17	发表科研论文及增速
				18	每万研发（R&D）人员发表科研论文数及增量

续附表1

一级 序号	一级 指标	二级 序号	二级 指标	三级 序号	三级指标
3	平台载体 驱动力	10	园区发展	19	省级及以上科技园区数量及增速
				20	省级及以上科技园区占园区比重及 增量
		11	研发平台与创新载体	21	省级及以上研发平台数量及增速
				22	省级及以上创新载体数量及增速
		12	园区覆盖率	23	省级及以上高新区县市区覆盖率及 增量
				24	省级及以上农科园县市区覆盖率及 增量
4	产业经济 贡献力	13	战略性新兴产业	25	战略性新兴产业增加值及增速
				26	战略性新兴产业增加值占地区生产总 值(GDP)的比重及增量
		14	高新技术产业	27	高新技术产业增加值及增速
				28	高新技术产业增加值占地区生产总值 (GDP)的比重及增量
		15	科技服务业	29	科技服务业产业增加值及增速
				30	科技服务业产业增加值占地区生产总 值(GDP)的比重及增量
		16	开放发展	31	高新技术产品出口额及增速
				32	高新技术产品出口额占货物出口总额 的比重及增量
		17	绿色发展	33	万元地区生产总值能耗下降率及增量
				34	环境质量指数及增量
		18	园区绩效	35	每家省级及以上高新区技工贸收入及 增量
				36	省级及以上高新区生产总值占地区生 产总值(GDP)的比重及增量

续附表1

一级序号	一级指标	二级序号	二级指标	三级序号	三级指标
5	创新主体竞争力	19	高新技术企业	37	高新技术企业数量及增速
				38	每万家企业法人中高新技术企业数及增量
		20	科企、上市培育企业	39	科技型中小企业数量及增速
				40	省上市后备企业数量及增速
		21	规上工业企业研发	41	规模以上工业企业研发（R&D）经费占营业收入的比重及增量
				42	规模以上工业企业有研发（R&D）活动的单位占比及增量
		22	高校院所基础研究	43	高校基础研究占研发（R&D）经费支出比重及增量
				44	科研机构基础研究占研发（R&D）经费支出比重及增量
		23	研发税收优惠	45	企业研发（R&D）加计扣除减免税额及增速
				46	每万家企业中享受研发（R&D）加计扣除企业数及增量
		24	创新创业参与	47	创新创业大赛获奖数量及增量
				48	创新创业大赛获奖金额及增量

附表 2　2023 湖南省区域科技创新能力评价指标体系—实力指标

一级序号	一级指标	二级序号	二级指标	三级序号	三级——实力指标	单位
1	科技创新供给力	1	全社会研发（R&D）经费投入	1	全社会研发（R&D）经费支出	亿元
				2	全社会研发（R&D）经费支出占地区生产总值（GDP）的比重	%
		2	全社会研发（R&D）人员投入	3	全社会研发（R&D）人员全时当量	人年
				4	每万人研发（R&D）人员全时当量	人年/万人
		3	基础研究经费投入	5	基础研究经费支出	亿元
				6	基础研究经费占全社会研发（R&D）经费支出的比重	%
		4	地方财政科技投入	7	地方财政科技支出	亿元
				8	地方财政科技支出占地方财政支出的比重	%
2	成果产出转化力	5	发明专利	9	有效发明专利拥有量	件
				10	每万人有效发明专利拥有量	件/万人
		6	高价值专利	11	高价值发明专利拥有量	件
				12	每万人高价值发明专利拥有量	件/万人
		7	技术市场	13	技术合同成交额	亿元
				14	技术合同成交额占地区生产总值（GDP）的比重	%
		8	科技成果奖励	15	省级及以上科技成果奖励当量	项
				16	每万研发人员中省级及以上科技成果奖励当量	项/万人
		9	科研论文	17	发表科研论文	篇
				18	每万研发人员发表科研论文数	篇/万人

续附表2

一级序号	一级指标	二级序号	二级指标	三级序号	三级——实力指标	单位
3	平台载体驱动力	10	园区发展	19	省级及以上科技园区数量	个
				20	省级及以上科技园区占园区比重	%
		11	研发平台与创新载体	21	省级及以上研发平台数量	个
				22	省级及以上创新载体数量	个
		12	园区覆盖率	23	省级及以上高新区县市区覆盖率	%
				24	省级及以上农科园县市区覆盖率	%
4	产业经济贡献力	13	战略性新兴产业	25	战略性新兴产业增加值	亿元
				26	战略性新兴产业增加值占地区生产总值（GDP）的比重	%
		14	高新技术产业	27	高新技术产业增加值	亿元
				28	高新技术产业增加值占地区生产总值（GDP）的比重	%
		15	科技服务业	29	科技服务业产业增加值	亿元
				30	科技服务业产业增加值占地区生产总值（GDP）的比重	%
		16	开放发展	31	高新技术产品出口额	亿元
				32	高新技术产品出口额占货物出口总额的比重	%
		17	绿色发展	33	万元地区生产总值能耗下降率	%
				34	环境质量指数	%
		18	园区绩效	35	每家省级及以上高新区技工贸收入	亿元/家
				36	省级及以上高新区生产总值占地区生产总值（GDP）的比重	%

续附表2

一级序号	一级指标	二级序号	二级指标	三级序号	三级——实力指标	单位
5	创新主体竞争力	19	高新技术企业	37	高新技术企业数量	家
				38	每万家企业法人中高新技术企业数	家/万家
		20	科企、上市培育企业	39	科技型中小企业数量	家
				40	省上市后备企业数量	家
		21	规上工业企业研发	41	规模以上工业企业研发（R&D）经费占营业收入的比重	%
				42	规模以上工业企业有研发（R&D）活动的单位占比	%
		22	高校院所基础研究	43	高校基础研究占研发（R&D）经费支出比重	%
				44	科研机构基础研究占研发（R&D）经费支出比重	%
		23	研发税收优惠	45	企业研发（R&D）加计扣除减免税额	亿元
				46	每万家企业中享受研发（R&D）加计扣除企业数	个/万家
		24	创新创业参与	47	创新创业大赛获奖数量	个
				48	创新创业大赛获奖金额	万元

附表3　2023湖南省区域科技创新能力评价指标体系——效力指标

一级序号	一级指标	二级序号	二级指标	三级序号	三级——效力指标	单位
1	科技创新供给力	1	全社会研发（R&D）经费投入	1	全社会研发（R&D）经费支出增速	%
				2	全社会研发（R&D）经费支出占地区生产总值（GDP）的比重增量	个
		2	全社会研发（R&D）人员投入	3	全社会研发（R&D）人员全时当量增速	%
				4	每万人研发（R&D）人员全时当量增量	人年/万人
		3	基础研究经费投入	5	基础研究经费支出增速	%
				6	基础研究经费占全社会研发（R&D）经费支出的比重增量	个
		4	地方财政科技投入	7	地方财政科技支出增速	%
				8	地方财政科技支出占地方财政支出的比重增量	个
2	成果产出转化力	5	发明专利	9	有效发明专利拥有量增速	%
				10	每万人有效发明专利拥有量增量	件/万人
		6	高价值专利	11	高价值发明专利拥有量增速	%
				12	每万人高价值发明专利拥有量增量	件/万人
		7	技术市场	13	技术合同成交额增速	%
				14	技术合同成交额占地区生产总值（GDP）的比重增量	个
		8	科技成果奖励	15	省级及以上科技成果奖励当量增量	项
				16	每万研发（R&D）人员中省级及以上科技成果奖励当量增量	项/万人
		9	科研论文	17	发表科研论文增速	%
				18	每万研发（R&D）人员发表科研论文数增量	篇/万人

续附表3

一级序号	一级指标	二级序号	二级指标	三级序号	三级——效力指标	单位
3	平台载体驱动力	10	园区发展	19	省级及以上科技园区数量增量	个
				20	省级及以上科技园区占园区比重增量	个
		11	研发平台与创新载体	21	省级及以上研发平台增速	%
				22	省级及以上创新载体增速	%
		12	园区覆盖率	23	省级及以上高新区县市区覆盖率增量	个
				24	省级及以上农科园县市区覆盖率增量	个
4	产业经济贡献力	13	战略性新兴产业	25	战略性新兴产业增加值增速	%
				26	战略性新兴产业增加值占地区生产总值(GDP)的比重增量	个
		14	高新技术产业	27	高新技术产业增加值增速	%
				28	高新技术产业增加值占地区生产总值(GDP)的比重增量	个
		15	科技服务业	29	科技服务业产业增加值增速	%
				30	科技服务业产业增加值占地区生产总值(GDP)的比重增量	个
		16	开放发展	31	高新技术产品出口额增速	%
				32	高新技术产品出口额占货物出口总额的比重增量	个
		17	绿色发展	33	万元地区生产总值能耗下降率增量	个
				34	环境质量指数增量	个
		18	园区绩效	35	每家省级及以上高新区技工贸总收入增量	亿元/家
				36	省级及以上高新区生产总值占地区生产总值(GDP)的比重增量	个

续附表3

一级序号	一级指标	二级序号	二级指标	三级序号	三级——效力指标	单位
5	创新主体竞争力	19	高新技术企业	37	高新技术企业增速	%
				38	每万家企业法人中高新技术企业增量	家/万家
		20	科企、上市培育企业	39	科技型中小企业增速	%
				40	省上市后备企业增速	%
		21	规上工业企业研发	41	规模以上工业企业研发（R&D）经费占营业收入的比重增量	个
				42	规模以上工业企业有研发（R&D）活动的单位占比增量	个
		22	高校院所基础研究	43	高校基础研究占研发（R&D）经费支出比重增量	个
				44	科研机构基础研究占研发（R&D）经费支出比重增量	个
		23	研发税收优惠	45	企业研发（R&D）加计扣除减免税额增速	%
				46	每万家企业中享受研发（R&D）加计扣除企业数增量	个/万家
		24	创新创业参与	47	创新创业大赛获奖数量增量	个
				48	创新创业大赛获奖金额增量	万元

二、评价指标说明

- **全社会研发(R&D)经费支出(亿元)**

全社会研发(R&D)经费支出是指全社会实际用于基础研究、应用研究和试验发展的经费支出，包括实际用于研究与试验发展活动的人员劳务费、原材料费、固定资产购建费、管理费及其他费用支出。

- **全社会研发(R&D)经费支出占地区生产总值(GDP)的比重(%)**

全社会研发(R&D)经费支出占地区生产总值(GDP)的比重是衡量地区科技实力和投入强度最为重要、最为综合的指标。

- **全社会研发(R&D)人员全时当量(人年)**

全社会研发(R&D)人员全时当量是指全时人员数加非全时人员按工作量折算为全时人员数的总和。例如：有两个全时人员和三个非全时人员(工作时间分别为20%、30%和70%)，则全时当量为2+0.2+0.3+0.7＝3.2人年。为国际上比较科技人力投入而制定的可比指标。

- **每万人研发(R&D)人员全时当量(人年/万人)**

每万人研发(R&D)人员全时当量是指按常住全部人口平均计算的研发(R&D)人员全时当量，反映自主创新人力的投入规模和强度。

- **基础研究经费支出(亿元)**

基础研究经费支出是指为了获得关于现象和可观察事实的基本原理的新知识，而进行的实验性或理论性研究所产生的支出，其成果以科学论文和科学著作为主要形式，主要反映地区科技创新的深度和广度。

- **基础研究经费占全社会研发(R&D)经费支出的比重(%)**

基础研究经费占全社会研发(R&D)经费支出的比重是衡量基础研究经费投入占全社会研发(R&D)经费支出的指标。

- **地方财政科技支出(亿元)**

地方财政科技支出是指地方用于科学技术方面的支出，主要衡量地区政府及其相关部门对科技活动的资金支持力度。

- **地方财政科技支出占地方财政支出的比重(%)**

地方财政科技支出占地方财政支出的比重是衡量地方政府科技投入力度的重要指标。

- **有效发明专利拥有量(件)**

有效发明专利拥有量是指作为第一专利权人拥有的、经境内外知识产权行政部门授权且在有效期内的发明专利件数。

- **每万人有效发明专利拥有量(件/万人)**

每万人有效发明专利拥有量是指每万人中作为专利权人拥有的、经国内知识产权管理部门授权且在有效期内的发明专利件数，主要反映地区科技活动质量的重要指标。

- **高价值发明专利拥有量(件)**

高价值发明专利拥有量是指作为第一专利权人拥有的、经境内外知识产权行政部门授权且在有效期内的符合下列任一条件的有效发明专利件数：战略性新兴产业的发明专利；在海外有同族专利权的发明专利；维持年限超过10年的发明专利；实现较高质押融资金额的发明专利；获得国家科学技术奖、中国专利奖的发明专利。

- **每万人高质量发明专利拥有量(件/万人)**

每万人高质量发明专利拥有量是指每万人中拥有的高质量发明专利个数，是反映地区科技活动发展质量的重要指标。

- **技术合同成交额(亿元)**

技术合同成交额是指由技术市场管理办公室认定登记的技术合同(技术开发、技术转让、技术咨询、技术服务)的合同标的金额的总和，主要衡量地区技术市场对科技资源配置作用的重要指标。

- **技术合同成交额占地区生产总值(GDP)的比重(%)**

技术合同成交额占地区生产总值(GDP)的比重是反映技术市场对推动地区经济增长贡献度的重要指标。

- **省级及以上科技成果奖励当量(项)**

省级及以上科技成果奖励当量是指某个地区主要参与对全省省级及以上科技进步奖、技术发明奖、自然科学奖的贡献量，可以反映一个地区对全省科技事业发展的重视程度。在计算时进行了以下技术处理，利用层次分析法计算各获奖地区在所获奖项中的参与系数，按照国家级、省级和一级、二级、三级进行参与系数等级类推。计算公式为：省级及以上科技成果奖励当量 = $\sum$(级别系数×等级系数×参与系数)，主要反映重大科技成果的产出数量。

- **每万研发人员中省级及以上科技成果奖励当量(项/万人)**

每万研发人员中省级及以上科技成果奖励当量是指省级及以上科技成果奖励当量与地区每万研发人员的比值，主要从重大科技成果的角度反映各地区科技活动直接产出的质量。

- **发表科研论文数(篇)**

发表科研论文数指是在学术期刊上发表的最初的科学研究成果。主要反映该地区科技工作者对科学技术研究的热情，有利于科学研究成果积累。

- **每万研发人员发表科研论文数(篇/万人)**

每万人研发人员发表科研论文数是指每万研发人员中发表的科研论文篇数，是反映地区研发人员对科学研究重视程度。

- **省级及以上科技园区数量(个)**

省级及以上科技园区数量是指省级及以上高新技术产业开发、省级农业科技产业园区、省级及以上可持续发展实验区的总数，是国家自主创新战略和推动战略性新兴产业发展的重要平台，主要反映高质量发展的承载力。

- **省级及以上科技园区占园区比重(%)**

省级及以上科技园区占园区比重是指科技园区占省级园的比重，是反映市州园区结构科技程度的指标。

- **省级及以上研发平台数量(个)**

省级以上研发平台包括省级及以上重点实验室、省级及以上工程技术研究中心、临床医学研究中心和临床医疗技术示范基地。主要反映地区研发平台的发展水平。

- **省级及以上创新载体数量(个)**

省级以上创新载体包括省级及以上科技企业孵化器、国家专业化众创空间、省级及以上备案众创空间及省级及以上星创天地。主要反映地区创新创业服务水平。

- **省级及以上高新区县市区覆盖率(%)**

省级以上高新区县市区覆盖率是指地区内覆盖有高新区的县市区数量与地区所有县市区数量的比例。

- **省级及以上农科园县市区覆盖率(%)**

省级及以上农科园县市区覆盖率是指地区内覆盖有农科园的县市区数量与地区所有

县市区数量的比例。

- **战略性新兴产业增加值（亿元）**

战略性新兴产业增加值是指战略性新兴产业单位产值的增加值，战略性新兴产业范围以国家统计局发布的《战略性新兴产业分类》为准，是反映地区战略性新兴产业发展质量的重要指标。

- **战略性新兴产业增加值占地区生产总值（GDP）的比重（％）**

战略性新兴产业增加值占地区生产总值（GDP）的比重是反映产业高质量发展的指标之一。

- **高新技术产业增加值（亿元）**

高新技术产业增加值是指高新技术产业单位产值的增加值，高新技术产业范围以科技部、财政部、国家税务总局发布的《国家重点支持的高新技术领域》为准，是反映地区高新技术产业附加价值水平的重要指标。

- **高新技术产业增加值占地区生产总值（GDP）的比重（％）**

高新技术产业增加值占地区生产总值（GDP）的比重是反映产业结构优化程度的指标之一。

- **科技服务业产业增加值（亿元）**

科技服务业产业增加值反映一个地区科技服务业发展水平，包括信息传输、软件和信息技术服务业和科学研究和技术服务业。

- **科技服务业产业增加值占地区生产总值（GDP）的比重（％）**

科技服务业产业增加值占地区生产总值（GDP）的比重，主要反映地区科技服务业对地区产业结构升级以及经济水平发展的促进作用。

- **高新技术产品出口额（亿元）**

高新技术产品出口额是指实际输出中国国境的高新技术产品总金额，是反映地区高新技术产品国际竞争力的重要指标。高新技术产品指纳入海关总署《中国高新技术产品出口目录》中的产品，包括生物、生命科学、光电、计算机与通信、电子、计算机集成制造、材料、航空航天等技术领域，具有技术含量高、经济效益好和市场前景广阔的特点。

- **高新技术产品出口额占货物出口总额的比重（％）**

高新技术产品出口额占货物出口总额的比重，主要反映地区高新技术产品在对外贸易发展的支撑促进作用。

- **万元地区生产总值能耗下降率（%）**

万元地区生产总值能耗下降率是指每生产一个单位的地区生产总值所消耗能源的下降程度，是反映能源消费水平和节能降耗状况的重要指标。

- **环境质量指数（%）**

环境质量指数是根据湖南省"十四五"规划纲要中有关绿色发展中提出的空气质量优良天数、二氧化碳排放量等规划目标，设计反映环境质量的指标，环境质量指数=城市环境空气质量优良天数比例（50%）+二氧化碳排放量（50%）。

- **每家省级及以上高新区技工贸总收入（万元/家）**

每家省级及以上高新区技工贸总收入是指地区拥有的省级及以上高新区技工贸总收入的平均水平，反映地区主要经济发展载体的平均经济体量。

- **省级及以上高新区生产总值占地区有生产总值（GDP）的比重（%）**

省级及以上高新区生产总值占地区有生产总值（GDP）的比重是指地区内拥有高新区的生产总值与市州生产总值的比重，反映地区高新区创新发展效能和经济贡献程度。

- **高新技术企业数量（家）**

高新技术企业一般是指在国家颁布的《国家重点支持的高新技术领域》范围内，持续进行研究开发与技术成果转化，形成企业核心自主知识产权，并以此为基础开展经营活动的居民企业，是知识密集、技术密集的经济实体。作为支撑区域高质量发展的主力军、排头兵。

- **每万家企业法人中高新技术企业数（家/万家）**

每万家企业法人中高新技术企业数是指按年度企业法人数平均计算的高新技术企业数。该指标反映全省高新技术企业密度情况。

- **科技型中小企业数量（家）**

科技型中小企业数量是指获得科技部审批认定通过科技型中小企业数量。

- **省上市后备企业数量（家）**

省上市后备企业数量是指具备省上市企业后备资格的培育企业数量。

- **规模以上工业企业研发（R&D）经费占营业收入的比重（%）**

营业收入是指从事营业收入或其他业务所取得的收入，规模以上工业企业研发（R&D）经费占营业收入的比重是反映规模以上工业企业的研发（R&D）活力情况。

- **规模以上工业企业有研发（R&D）活动的单位占比（%）**

规模以上工业企业有研发（R&D）活动的单位占比是反映企业创新发展活跃程度。

- **高校基础研究占研发(R&D)经费支出比重(%)**

高校基础研究占研发(R&D)经费支出比重是衡量高校基础研究经费投入占高校研发(R&D)经费支出的比例。体现地区高校基础研究实力及地区对原始创新能力的重视程度。

- **科研机构基础研究占研发(R&D)经费支出比重(%)**

科研机构基础研究占研发(R&D)经费支出比重是衡量科研机构基础研究经费投入占科研机构研发(R&D)经费支出的比例。体现地区科研机构基础研究实力及地区对原始创新能力的重视程度。

- **企业研发(R&D)加计扣除减免税额(亿元)**

企业研发(R&D)加计扣除减免税额是指享受研发(R&D)费用加计扣除优惠政策的企业,实际减免税额;是反映地方政府激励和引导企业开展研发(R&D)活动的政策环境指标。

- **每万家企业中享受研发(R&D)加计扣除企业数(个/万家)**

每万家企业中享受研发加计扣除企业数是指在每万家企业中,享受到研发(R&D)加计扣除优惠政策的企业个数。

- **创新创业大赛获奖数量(个)**

创新创业大赛获奖数量是指各地区获得省级及以上创新创业大赛奖励数量。该指标体现各地区创新创业活跃度及地区创新创业生态氛围。

- **创新创业大赛获奖金额(万元)**

创新创业大赛获奖金额是指各地区获得省级及以上创新创业大赛奖励总金额。该指标体现各地区创新创业活跃度及地区创新创业生态氛围。

三、评价方法及步骤

（一）评价方法

（1）总方法：多指标综合评价法。

（2）指标权重：采用德尔菲法（专家咨询法）和熵值法结合的主观客观综合赋权法。

（3）数据标准化：区分正效指标和负效指标，分别进行无量纲化处理，并对数据边界进行合理化修正。

（二）评价步骤

（1）将三级评价指标先采用对数标准化，以降低端点极值对数据平衡的杠杆影响；再根据多目标规划原理，采用功效系数法对各项评价指标分别确定一对满意值和不允许值，以满意值为上限，以不允许值为下限，计算相应的功效评分值，作为指标的评价值。

对数标准化公式：

$$Y_{ij}=\ln\left[X_{ij}-\min(X_{ij})+1\right]$$

功效系数法：

$$Z_{ij}=\frac{Y_{ij}-\min(Y_{ij})}{\max(Y_{ij})-\min(Y_{ij})}\times A+B \quad （正效指标）$$

$$Z_{ij}=\frac{\max(Y_{ij})-Y_{ij}}{\max(Y_{ij})-\min(Y_{ij})}\times A+B \quad （负效指标）$$

式中：A 为功效系数；B 为功效基准值。

（2）二级指标评分值由三级指标评价值乘以相应指标权重加权综合而成。公式如下：

$$U_{ij}=\sum_{i=1}^{n}(\omega_i\times Z_{ij})$$

式中：ω_i 为各三级指标权重；n 为每个二级指标下包含的三级指标个数。

（3）一级指标评分值由二级指标评分值乘以相应指标权重加权综合而成。公式如下：

$$V_{ij}=\sum_{i=1}^{m}(\varphi_i\times U_{ij})$$

式中：φ_i 为各二级指标权重；m 为每个一级指标下包含的二级指标个数。

（4）总评分值由一级指标评分值乘以相应指标权重加权综合而成。公式如下：

$$W = \sum_{i=1}^{h} \left(\tau_i \times V_{ij} \right)$$

式中：τ_i 为各一级指标权重；h 为一级指标个数。

图书在版编目(CIP)数据

湖南省区域科技创新能力评价报告. 2023 / 湖南省科学技术信息研究所著. —长沙：中南大学出版社，2023.10

ISBN 978-7-5487-5594-4

Ⅰ．①湖… Ⅱ．①湖… Ⅲ．①技术革新－研究报告－湖南－2023 Ⅳ．①F124.3

中国国家版本馆 CIP 数据核字(2023)第 193580 号

湖南省区域科技创新能力评价报告 2023

湖南省科学技术信息研究所　著

□责任编辑　刘锦伟
□责任印制　唐　曦
□出版发行　中南大学出版社
　　　　　　社址：长沙市麓山南路　　　　　邮编：410083
　　　　　　发行科电话：0731-88876770　　传真：0731-88710482
□印　　装　长沙玛雅印务有限公司

□开　　本　787 mm×1092 mm 1/16　□印张 10.25　□字数 206 千字
□版　　次　2023 年 10 月第 1 版　　　□印次 2023 年 10 月第 1 次印刷
□书　　号　ISBN 978-7-5487-5594-4
□定　　价　138.00 元

图书出现印装问题，请与经销商调换